हमारे लोकप्रिय गीतकार

# बेकल उत्साही

वाणी प्रकाशन
21-ए, दरियागंज, नई दिल्ली-110002
फोन : 011-23273167, 23275710, 41562622
फैक्स : 011-23275710
e-mail : vani_prakashan@yahoo.com

हमारे लोकप्रिय गीतकार

# बेकल उत्साही

संपादक

शेरजंग गर्ग

वाणी प्रकाशन का लोगो
विख्यात चित्रकार मकबूल फिदा हुसेन
की कूची से

ISBN : 978-81-8143-533-0

वाणी प्रकाशन
21-ए, दरियागंज, नयी दिल्ली-110002
द्वारा प्रकाशित

प्रथम संस्करण : 2006

आवरण : वाणी चित्रांकन
जय भारत प्रिंटर्स, दिल्ली-110032
द्वारा मुद्रित

मूल्य : 150.00

**HAMARE LOK PRIYA GEETKAR**
**BEKAL UTSAHI**
Edited by **Sherjung Garg**

# अनुक्रम

## दोहे और कुंडलियाँ

# बेकल उत्साही का उत्साह एवं गीत-ग़ज़लें

गीतकार-शायर बेकल उत्साही पर बात करने से पहले लोकप्रिय हिंदी गीति-कविता पर संक्षेप में बात कर ली जाए तो बेहतर होगा।

मेरे अनुभव एवं विचार से लोकप्रिय हिंदी गीति-कविता की सबसे बड़ी विडम्बना संभवतः यह रही है कि मंच पर काव्यपाठ करने वाले ज़्यादातर रचनाकार सस्वर काव्यपाठ करते रहे। मात्र मुकुटविहारी, सरोज, उदयप्रताप सिंह, रामकुमार चतुर्वेदी चंचल, राजनारायण मिसारिया, बालस्वरूप राही आदि कुछेक कवि अपने सहज काव्यपाठ के कारण ख्यात हुए। एक समय ऐसा भी रहा जब गीत-गायन को शोहरत हासिल करने का ज़रिया माना जाता रहा। यशाची कवि मनोहर लाल उनियाल 'श्रीमन' ने बहुत श्रेष्ठ गीत रचे थे, मगर सस्वर, काव्यपाठ नहीं करते थे। उन्होंने तो गायक कवियों पर कटाक्ष करते हुए यहाँ तक कह दिया था :

**गीत लिखता हूँ मगर गाता नहीं,**
**क्योंकि अपने स्वर सधे पाता नहीं**
**इसलिए सम्मेलनों के द्वार पर**
**माँगने शोहरत कभी जाता नहीं**

इस सबके बावजूद ऐसे अनेक शायर-कवि हुए जिन्होंने गीतों को गायकों की तरह नहीं, अपितु कवियों के समान ही प्रस्तुत किया।

यह सर्वविदित है कि हिंदी में गीत की एक बहुत समृद्ध, पुष्ट, ग्राह्य एवं विकसित परंपरा रही है। भक्त कवियों में सूर, तुलसी, मीरा, रसखान, धनानंद से लेकर आधुनिक युग में निराला, प्रसाद, पंत, महादेवी, रामकुमार वर्मा, दिनकर, बच्चन, शिवमंगल सिंह सुमन, गोपाल सिंह नेपानी, गिरिजा कुमार माथुर, रामावतार त्यागी, वीरेन्द्र मिश्र, शिव बहादुर सिंह भदौरिया, और आधुनिक पीढ़ी में किशन सरोज, माहेश्वर तिवारी, विजय किशोर मानव आदि ने गीत-परंपरा का निर्वाह करते हुए उसे सदैव ताजा बनाए रखने

की कोशिश की। बेकल उत्साही एक ऐसे गीतकार-शायर हैं, जिन्होंने उर्दू के साथ-साथ जनभाषा, लोकभाषा, विशेषकर अपने अंचल की भाषा अवधी में अनेक यादगार गीत रचे हैं। कहा जा सकता है कि उनके गीतों और दोहों में मिट्टी की सोंधी-सोंधी खुशबू है जो रह-रहकर उन्हें ठेठ देहाती होने, खेतों-खलिहानों से जुड़ा होने तथा गाँव-आँचल की मनोभूमि पर एकाग्र होने और उस सबसे गहरे लगाव का पता देती है।

सामान्यतः बेकल शब्द का अर्थ बेचैन, व्याकुल, अकुलाहट भरा, छटपटाता हुआ, विकल आदि-आदि होता है। लेकिन जब बेकल सिर्फ बेकल नहीं, उत्साही भी हो जाता है तो व्याकुलता जैसी स्थितियाँ गायब हो जाती हैं। सिर्फ उत्साही याद रह जाता है। बेकल उत्साही एक ऐसे शख्स, ऐसे शायर, ऐसे गीतकार का नाम है जो हरदिल अजीज है और काव्य मंचों पर बड़े शौक से सुना जाता है। मुशायरों-कवि सम्मेलनों के माध्यम से वह लगभग दुनियाभर में अपना कलाम, अपना काव्य पेश कर चुका है। यह भी सच है कि बेकल उत्साही उर्दू के होते हुए भी हिंदी के अपने कवि-गीतकार हैं। उनका नाम-मुशायरे की सूची के साथ-साथ कवि-सम्मेलनों में समान आदर और सम्मान के साथ रखा जाता है। संभवतः वे अकेले ऐसे शायर हैं जिन्हें कवि-सम्मेलनों के शौकीन श्रोता अपना ही गीतकार समझते हैं। उनके साथ कुछ और नामों पर ध्यान दें तो गुलजार, जावेद अख्तर, निदा फाजली, वगीर बद्र, मंज़ल भोपाली को भी इस श्रेणी में रखा जा सकता है। फिर भी बेकल उत्साही हिंदी के कुछ ज्यादा ही इसलिए लगते हैं क्योंकि उनका नाम बेकल उत्साही है और उनके गीतों में हिंदी प्रदेश की बू-वास, अवध की आँचलिकता और निपट खेतिहर अंदाज़ चहक-महक उठता है।

कहना होगा कि जनाब बेकल उत्साही उन उर्दूदाँ रचनाकारों में अपना विशिष्ट स्थान रखते हैं, जिन्होंने उर्दू में माहौल में जन्म लेकर भी हिंदी को पूरा सम्मान दिया है और उसके लोकलीवन से पूरी तरह सम्पृक्त होकर ग्राम्य जीवन और संस्कृति को अपनी रचनाओं में सुरक्षित रखा है। उन्होंने रहीम और कबीर की परंपरा में दोहे लिखे, खेत-खलिहानों, बाढ़, सूखे और संघर्ष को वाणी देने वाले गीत लिखे, जिंदगी की सच्चाइयों और प्रेम की मार्मिकता को उकेरने वाली गज़लें लिखीं। राष्ट्रीय आंदोलन से जुड़े, जनमानस में पैठ बनाई, कांग्रेसी नेता की छवि ही नहीं बनाई अपितु उसे निखारा भी। कई वर्ष तक राज्यसभा के सांसद भी रहे। उनका रहन-सहन, वेशभूषा, खान-पान बहुत सादा है, अगर इस सादगी में भी एक नफ़ीस-सा कटीलापन है जो अपरिचितों को भी बाँध-बाँध लेता है। याद नहीं पड़ता कि उन्होंने कोई कविता या गीत तहत में अर्थात् बिना गाये सुनाई हो। इसका सबसे बड़ा कारण उनका सुरीला कंठ तथा सुरसधी आवाज है।

बेकल के काव्य संसार के वैविध्य में दोहों और कुंडलियों के माध्यम से वर्तमान समय पर उनकी बेबाक टिप्पणियों की मौजूदगी भी शामिल हैं। उनकी कुंडलियों

में संवेदना के अनेक आयाम उभरे हैं और मानवीय दुःखददों को बहुत-बहुत अपनापे के साथ ग्राम्य बोली वानी में परोसने की विशेषता मौजूद हैं। महाकवि अमीर खुसरो के अमर दोहे, यथा

**गोरी सोवै सेज पर मुख पर डारे केस**
**चल खुसरो घर आपनो रैन भई परदेस**

की छाया में बेकल उत्साही ने अनेक सुरीले, सजीले, रंगीले और दर्दीले दोहे कहे हैं। नमूने के तौर पर दो दोहे उद्धृत करना चाहूँगा :

**गोरी का मुख धूप है केस घनेरी छाँव**
**चाँद-सुरुज चाकर दोऊ बइठ दबावें पाँव**

**गोरी गोरे रंग पर काहे का मग़रूर**
**उजने दिन के बाद ही काली रात जरूर**

कहना होगा कि बेकल उत्साही के पास अनुभूतियों के रूप में लोकजीवन, पारिवारिक-आत्मीय संबंधों आर्थिक संघर्षों की अनेकानेक छवियों, स्मृतियों, आशा-आकाँक्षाओं और हताशाओं का अकूत खज़ाना है, जिसे वे बेकलपन का पुट देकर अत्यंत उत्साहपूर्वक और कभी-कभी पीड़ित होकर अभिव्यक्ति देते हैं, बयान करते हैं। 'बदरवा के फूल' गीत की निम्नांकित पंक्तियों से इसका हल्का-सा अंदाज लगाया जा सकता है :

**महकै खेतवा मा पानी**
**बहकै नदिया सुहानी**
**खरहनिवा हेरानी अमराई**
**बदरवा से फूल झरें।**

चाहे माँ की ममता को शब्दों में पिरोता गीत हो अथवा बेटी के दुलार-वात्सल्य को रेखांकित करती काव्याभिव्यक्ति हो, चाहे मूसलाधार वर्षा के परिणामस्वरूप कुलाँचे भरते नदी-नाले और टपकते छप्पर हों अथवा सूखे की मार से तड़पते पशु-पक्षी, मुरझाई फसलें और रिक्त कुएँ-तालाब हों, बेकल उत्साही ने ग्रामीण अँचलों की मुँह बोलती तस्वीर अपनी रचनाओं में प्रस्तुत की है।

बेकल उत्साही के कवित्व का रेखांकन बहुत सीधा सादा भले ही न हो, मगर ऐसे भलेमानस शायर को बहुत टेढ़ी भाषा में उकेरने की कोशिश भी बेमानी होगी। लीजिए हम अपनी तरफ़ से कुछ नहीं कहते। उनके परम प्रशंसक एख़लाक़ अहमद

जई के शब्दों में बेकल उत्साही के व्यक्तित्व को बड़ी आसानी से पहचाना जा सकता है :

"लकदक कुरता और अलीगढ़ी पाजामा, सर पर ऊँची मखमली टोपी, गले में मफलर, मुँह में पान, चेहरे पर उगी हुई काली दाढ़ी पर खिंची हुई सफेद लकीर। कभी रिक्शे पर बैठा-बैठा वीर-विनय चौराहे से फल खरीदता या फिर यूँ ही एक सड़क से होकर दूसरी सड़क की तरफ बढ़ता, एक शख्स मुझे अक्सर दिख जाता था, बलरामपुर के इस भीड़ भरे चौराहे पर भी अपनी अलग शख्सियत कायम रखते हुए अनायास ही हर किसी को अपनी तरफ आकर्षित कर लेने वाले व्यक्तित्व का घनी व्यक्ति।"

इस सिलसिले में मेरा मानना है कि कोई भी कहे, कोई भी लिखे, बेकल उत्साही का नख-शिख वर्णन या कहें कि रेखाचित्र अथवा खाका कुछ इस तरह ही बयान किया जाएगा, अथवा शब्दों में उतारा जाएगा। ज्यादा चाहें तो इसमें दो पंक्तियाँ और जोड़ सकते हैं—"बोले तो मिसरी का-सा स्वाद महसूस हो और कविता-ग़ज़ल पढ़ें तो हल्की-हल्की मादक गूँज का गुमान हो।"

खुद अपने बारे में बोलते हुए बेकल ने यह भी कहा है—

**छिड़ेगी दैरो हरम में ये बहस मेरे बाद,**
**कहेंगे लोग कि बेकल कबीर जैसा था।**

अपने बारे में बेकल उत्साही की उक्त पंक्तियाँ पढ़कर हिंदी काव्य-प्रेमियों को बलबीरसिंह रंग की निम्नांकित पंक्तियाँ बेसाख्ता याद हो आती हैं :

**सितारों में बड़ा मतभेद है इस बात को लेकर**
**धरा पर रंग जैसे आदमी पाए नहीं जाते।**

यह तो निर्विवाद है कि बेकल उत्साही हिंदी-उर्दू की समझ रखने वाले प्रत्येक व्यक्ति, प्रत्येक प्रदेश अथवा विदेशों में भी जाने-पहचाने जाते हैं। प्रख्यात पत्रकार एवं लेखिका डॉ. रज़िया हामिद ने अपनी पत्रिका 'फिक्रो आगही' के बेकल उत्साही नंबर के संपादकीय में अपने उद्‌गार इन शब्दों में व्यक्त किए हैं :

"बेकल उत्साही की इजाफी खसूसियत यह है कि अपने पुरसोज तरन्नुम और शख्सियत की वजह से वह महफिलों की जान, जलसों की शान और मुशायरों की आबरू हैं। इस हैसियत से उन्होंने अपनी मीठी और सरीली शायरी के पैमाने हर बज़्म में छलकाए हैं।"

बेकल उत्साही के नगर बलरामपुर के हिंदी विद्वान डॉ. शिव नारायण शुक्ल बेकल को लोक-कवि तो मानते ही हैं, इससे आगे उनका यह मानना भी है कि अनुभूतियों की उष्मा से प्रभावित होकर मोम के समान मुलायन कवि बेकल का दिल

पसीजने लगता हैं, उनके लोकगीतों में जीवन की तेज धूप से झुलसे सुकुमार प्राण मुस्कारने लगते हैं, वे ज्ञान की मरुभूमि में भी ज्ञान की रसधारा प्रवाहित करते हैं, उनके शब्द-विधान तथा कशीदाकारी में चाँदनी की रागिनी तथा भोर की मुस्कान देखी जा सकती है, उनकी भाव-धारा में गहरी उनींदी नदी का गान सुनाई पड़ता है। उनके द्वारा प्रस्तुत जीवन के ढंग-रंग में कलियों का कौमार्य घुलता-सा प्रतीत होता है, उनके पन्ने-पन्ने पर ओस की की आवाज गूँजती है, उनके आँसूओं में दर्द की तस्वीर पिघलती नज़र आती है और उनकी गीति-रचना में रसीले फूलों की जंजीर हर दिल को बाँध लेने के लिए खनक उठती है।''

यह बेकल उत्साही के काव्य की श्रेष्ठता और आत्मीयता का प्रमाण है कि उन्हें हिंदी-उर्दू दोनों ही भाषाओं के पाठकों-श्रोताओं की प्रशंसा का गौरव प्राप्त है।

बेकल के गीतों में अपने गाँव, गाँववासियों, वहाँ की ऋतुओं, लहलहाते पौधों, फसलों के प्रति कवि का प्यार क्षण प्रति क्षण छलकता रहता है। उन्होंने अपने निराले गाँव का जैसा मनभावन, चित्ताकर्षक, सजीला, रूपहला चित्रण भाव विभोर होकर किया है, वह सचमुच ही लुभावना है। बेकल द्वारा अपने गाँव वे सौंदर्य को दी गई गरिमा उनके ग्रामीण-मन के उल्लास को बखूबी दर्शाती है। कुछ पंक्तियाँ द्रष्टव्य हैं–

**नाचै ठुमुक ठुमुक पुरवाई**
**खेतबन बाँह लेत अँगड़ाई**
**देवी देवता सोवन फूल की सेजरिया**
**निराला मोरा गाँव सजनी**

**वन उपवन हरियाली हुगसै**
**माटी सुघर बहुरिया**
**बंसवाटी लौचा झकझोरै**
**यौवन मस्त बयरिया**
**पेड़न पंछी चाँदी टौरै**
**नदिया बीच मछरिया**
**बरसै झूम-झूम के सोने की बदरिया**
**निराला मोरा गाँव सजनी**

अपने निराले गाँव का निराला और मोहक चित्रण करने वाला यह कवि अपने काव्य पाठ में भी निराला सिद्ध होता रहा है।

बेकल उत्साही की काव्य पाठ क्षमता का प्रमाण इन पंक्तियों के लेखक में प्रत्यक्षतः देखा है। उन्नीस सौ अस्सी के दशक की बात है। स्वामी हरिदास जयंती के अवसर पर वृंदावन में अखिल भारतीय कवि सम्मेलन था। उसमें बेकल के अलावा

डॉ. कैलाश वाजपेयी, संतोषानंद, रमेश गौड़, इन्दिर इन्दु के साथ-साथ मुझे भी शरीक होने का अवसर मिला था। आयोजन में संगीत के बड़े उस्तादों की भागीदारी तो थी ही, कवियों में भी उक्त बड़े नाम थे। इसलिए श्रोताओं के लिए कवि-सम्मेलन का आकर्षण भी कम नहीं था।

मगर कविगण गिनती के छः सात थे। कवि सम्मेलन को अपनी परंपरा के अनुसार लगभग सारी रात चलना था। श्रोता भी इसी उम्मीद से पूरी रात का कार्यक्रम बनाकर आसपास के क्षेत्रों से आए थे। कवि सम्मेलन के समापन पर उन्हें सुबह अपनी-अपनी गाड़ियों से अपने नगर-कस्बों में लौट जाना था। कवि सम्मेलन का संचालन कैलाश वाजपेयी कर रहे थे।

कवि सम्मेलन खूब जमा। सभी व्यक्तियों ने लगभग आधा-आधा घंटा कविताएँ सुनाईं। तीन घंटे निकल गए तो रात के बारह बज चुके थे। यह सब नाकाफ़ी था। कवियों ने अपनी चार-चार रचनाएँ और सुनाईं। डेढ़ घंटा और बीत गया। श्रोतागण काव्य रस में डूबे हुए थे। बार-बार फरमाइश कर रहे थे।

लगभग दो-ढाई बजे कैलाश जी ने कवि सम्मेलन को समाप्त करने की घोषणा कर दी। न संयोजकों को और न श्रोताओं को यह बात हजम हुई। कवि सम्मेलन को रात भर चलाने की माँग हुई। अलग-अलग कोनों से काव्य विभोर श्रोता निरंतर काव्यपाठ की माँग करते रहे।

अब कैलाश जी ने कवियों की ओर देखा। सबने सहमति जताई, मगर भरोसा सबको बेकल उत्साही और संतोषानंद का था। बेकल उत्साही ने उस दिन रात के लगभग तीन बजे से चार बजे तक अपनी कविताएँ सुनाईं और उनका साथ सबसे ज़्यादा संतोषानंद ने दिया। दोनों ने समां बाँधे रखा। ज़ाहिर है अपनी वरिष्ठता के कारण बेकल ने कुछ ज़्यादा ही समय लिया।

इस तरह हजार दी सरेका में मौजूद श्रोताओं ने पूरी रात काव्यानंद लिया।

बेकल उत्साही ने ग़ज़ले और गीत तो लिखे ही, उन्होंने दोहों के ज़रिए आज के जीवन, राजनीति, सामाजिक सरोकारों को बहुत संजीदा ढंग से व्यक्त किया है। यों तो कबीर, रहीम, बिहारी द्वारा स्थापित दोहा-लेखन की महान परंपरा को पाकिस्तान में भी सर आँखों पर बैठाया जा रहा है, मगर भारत में हिंदी-उर्दू के अनेक कवि-शायरों में सूर्यभानु गुप्त, निदा फ़ाज़ली, देवेन्द्र शर्मा इन्द्र, पाल भसीन, देवेन्द्र आर्य, योगेन्द्र दत्त शर्मा, भारतेन्दु मिश्र ने अनेक श्रेष्ठ दोहे रचे हैं। कहना होगा कि बेकल उत्साही के दोहों के दुधारेपन से भी आज का समाज बच नहीं सका है। नमूने के रूप में उनके दो दोहे उद्धृत करने का लोभ संवरण कर पाना मेरे लिए मुश्किल है–

**कोमल कोमल होंठ पर फैली सुर्ख लकीर**
**बिखरे हुए गुलाब में उलझ गए हैं 'मीर'॥**

**दो मिसरों में देखिए आज के सब हालात**
**दिन में सब कुछ कीजिये कौन अगोरे रात**

एक तरफ सौंदर्यबोध की पराकाष्ठा और दूसरी ओर युगीन हालात पर गहरा कटाक्ष, यही विशेषता है बेकल उत्साही के दोहों की।

दो शब्दों में बस इतना ही कि बेकल उत्साही उम्दा लिखने और बेहतरीन पढ़ने के शौकीन हैं और उनके इस शौक ने बहुतों को कविता का शौकीन बना दिया है।

**–शेरजंग गर्ग**

एच-43 (भूतल)
साउथ एक्स-1
नई दिल्ली-110049

# ग़ज़लें

# सुनहरी सरज़मी मेरी

सुनहरी सरजमीं मेरी, रूपहला आसमाँ मेरा
मगर अब तक नहीं समझा ठिकाना है कहाँ मेरा

किसी बस्ती को जब जलते हुए देखा तो यह सोचा
मैं खुद ही जल रहा हूँ और फैला है धुआँ मेरा

सुकूँ पाएँ चमन वाले, हर इक घर रौशनी पहुँचे,
मुझे अच्छा लगेगा, तुम जला दो आशियाँ मेरा

बचाकर रख उसे मंजिल से पहले रूठने वाले
तुझे रस्ता दिखाए गाए गुवारे कारवाँ मेरा

पड़ेगा वक़्त जब मेरी दुआएँ काम आएँगी,
अभी कुछ तल्ख़ लगता है ये अंन्दाज़े बयाँ मेरा

कहीं बारूद फूलों में, कहीं शोले शिगूफ़ों में
खुदा महफूज़ रखे, दे यही जन्नत निशां मेरा

मैं जब लौटा तो कोई और ही आवाद था बेकल,
मैं इक रमता हुआ जोगी, नहीं कोई मकाँ मेरा।

# सबपे दीवाने की नज़र

सबपे दीवाने की नज़र भी नहीं
सबसे दीवाना बेख़बर भी नहीं,

जीने वाले तू जितनी समझे है
जिन्दगी उतनी मौतबर भी नहीं

मुन्तज़िर का अजीब आलम है
अब उसे फिक्रे मुन्तज़िर भी नहीं

मुतमइन हो गए बहार मे यों
जैसे अहसासे बालोपर भी नहीं

दास्ताने ग़मे हयात न पूछ
मुख्तसर भी हैं, मुख्तसर भी नहीं

मेरी दीवानगी वहाँ पहुँची
जिस जगह कोई हमसफ़र भी नहीं

जिस्म इक घर है रूह का बेकल
देखिए उसका जैसे घर भी नहीं।

# पहले मेरे गीत वो

पहले मेरे गीत वो सुन-सुन के शरमाते रहे
फिर उन्हीं गीतों को तन्हाई में दोहराते रहे

वो जो मेरे कद पे अक्सर तंज़ फरमाते रहे
धूप से डरकर मेरी परछाई में आते रहे

जिस्म जलता ही रहा तपते हुए सहराओं में
दिल मगर कश्मीर की वादी में बहलाते रहे

मैं था हक पर, मुझमे हक था बस इसी इक बात पर
मुफ़्तियाने वक़्त मेरी खाल खिंचवाते रहे

थीं हमारी ठोकरों में वक्त की रानाइयाँ,
और हम तेरी गली में ठोकरें खाते रहे

मैं था ज़र्रा, कारवाँ के साथ मंजिल तक रहा
चाँद सूरज राह में, आते रहे जाते रहे।

# हयात गुजरी है बेढंग

हयात गुजरी है बेढंग या करीने से
ये साल कैसा था पूछो किसी महीने से

दिलो दिमाग़ ज़माने के लड़खड़ा उट्ठे,
किसी ग़रीब की आहें उठीं जो सीने से

जहाँ भी चाहा डुबोया, किनारा हो कि भँवर
लगाव तूफ़ाँ को इतना मेरे सफ़ीने से

मेरे ही भाई को नफ़रत-सी हो गई मुझसे
वो मिल गया है यक़ीकन किसी कमीने से

नशा उतरता है अब पत्थरों के लफ़्ज़ों से
सुरूर मिलता है लहज़ों के आवगीने से

उड़ा फिरे है तू ग़ज़लों में गीत पर बेकल,
ज़रा-सा पा गया बस मीर के ख़ज़ीने से।

# आईने के सामने अब वो

आईने के सामने अब वो अदाकारी में हैं
कुछ नए अहबाब से मिलने की तैयारी में हैं

हम फ़क़ीरों की सदा पर सबके सब खामोश थे,
देखने में यों तो सारा शहर बेदारी में है

मद्दतों जिसकी असीरी में रहे आलमपनाह,
अब वही हालात के हाथों गिरफ्तारी में है

शहर की बरबादियों में हाथ है उस शख्स का,
फिर भी हर बरबाद घर उसकी तरफ़दारी में है

फसले गुल से गुंचाओगुल खिल के मिल सकते नहीं,
फूल पर बारूद का शक मेरी फुलवारी में है

रोग जिन पौधों में था उनकी दवा-दारू हुई,
क्या करोगे अब तो सारा खेत बीमारी में है

जिंदगी भर तुझको 'बेकल' क्या मिला सच बोलकर,
पहले दुश्वारी में था और अब भी दुश्वारी में है।

# जहाँ जहाँ मेरी तन्हाइयों ने

जहाँ जहाँ मेरी तन्हाइयों ने प्यार किया
वहाँ वहाँ तेरी यादों ने सोगवार किया

ये क्या किया मेरे अश्कों को पौंछकर ऐ दोस्त
खुद अपने दामने सादा को दाग़दार किया

फरेब खाने से पहले, फरेब खाने के बाद
कहाँ-कहाँ न ज़माने का ऐतबार किया

था जिनपे नाज़ गुलों को, उन्हीं बहारों ने
सहर में आते ही दामन को तार-तार किया

क़दम-क़दम पे मेरी बेबसी ही साथ रही,
जो रास्ता भी तेरे ग़म में अख्तियार किया

तेरे जमाल की बरखा न जिसको सींच सकी,
मेरे लहू ने उसे हासिले बहार किया

मेरे जुनूँ की महक ने उदास लम्हों में,
फ़ज़ाए होशो खिरद को भी खुशगवार किया

जो मुस्कराते थे बेकल हमारे रोने पर,
किसी की याद ने उनको भी अश्क बार दिया।

# पहली बारिश

पहली बारिश तमाशीन लगी
छत हवेली की जब नवीन लगी
शहर की हर गली में खून बहा
तर-बतर अपनी आस्तीन लगी
लोग मिलते हैं बाँकपन के साथ
सादगी किस क़दर ज़हीन लगी
मसलहत ऐब एक छिपा लेती,
ये भी चादर मगर महीन लगी
पहले मखमल से कम नहीं थी मगर
दोस्ती अब तो मारकीन लगी
आज वो मुस्करा के रूठ गया,
आज खुद ज़िंदगी हसीन लगी
खेत-जलते हुए जहाँ देखो
वो मेरे गाँव की ज़मीन बनी
नीम की छाँव में रहे बेकल
जेठ की धूप बेहतरीन लगी।

# नई बहार के दिल में

नई बहार के दिल में सवाल कितने हैं
जो पूछती है मेरे माहो साल कितने हैं

बुलंदियों में था सूरज तो सोचता ही रहा,
कि मेरे बाद यहाँ लाज़वाल कितने हैं

मैं जश्ने-खाना ख़रावी के अहतियात में हूँ,
ये देखना है मेरे हम ख़याल कितने हैं

हमारे गाँव के अहले नज़र की मत पूछो,
तुम्हारे शहर में अब खुश जमाल कितने हैं

बताओ अब के बराल दफ़्तरओ-सियासत में
हुए हैं कितने मुअत्तिल बहाल कितने हैं।

# अधूरे गीत को अब तो

अधूरे गीत को अब तो मुकम्मल लिख दिया जाए
ग़ज़ल की नीमवाज़ आँखों में काजल लिख दिया जाए

लिखें जाड़े की सोंधी धूप उसके रूप का साया,
फिर उसको ज़ुल्फ़ में कजरारे बादल लिख दिया जाए।

शफ़क़ होंठों पे, आरिज़ पर लिखें, सुबह-ए-गुल-ए-अफशाँ,
तबस्सुम में बसंती शाम का हल लिख दिया जाए

कमर की बात भी शाखेगुलेतर की ज़वानी हो,
सबका नाम फिर काँधे का आँचल लिख दिया जाए

वो खामोशी से गुम हो जाए वादी में ख़यालों की
चटाने सख़्तजाँ होती हैं कोमल लिख दिया जाए

पसीना आ भी जाए शर्म से जब उसके माथे पर,
अकीदे से उसे गंगोत्री-जल लिख दिया जाए।

वो आँखें इत्तफ़ाक़न जब कभी उठ जाएँ महफिल में,
तो सन्नाटे के हर गोशे में हलचल किरण लिख दिया जाए

सहेली तितलियाँ उसकी, हथेली बिजलियाँ उसकी,
किसी संजीदगी का नाम चंचल लिख दिया जाए

कभी तनहाई में जब खुद से वो करने लगे बातें,
पपीहा वन में, अमराई में कोयल लिख दिया जाए

कहो कारीगरानेफन से हम तो गीत लिखते हैं,
हमारे नाम के आगे भी बेकल लिख दिया जाए।

# पतवार काग़ज़ी है

पतवार काग़ज़ी है तो पन्नी की नाव है
हैं उस नदी में जिराका हवा में बहाव है

सुनिये जनाब मेरा ही हिन्दोस्ताँ है नाव
खेती मेरा उसूल है, फ़ाक़ा स्वभाव है

शोभा मेरे वतन की यही चीथड़े तो हैं
पैरों के नीचे बर्फ़ है, सर पर अलाव है

मेरी निगाह है किसी गुमआशना ही सिम्त
हर हादिसे का मेरी ही जानिव झुकाव है

अल्लाह अव न फ़िरका परस्ती को कुछ कहो,
उस शोख़ से हमारा पुराना लगाव है

मुश्किल से इस डगर पे हुए थे निगाहोदिल,
दोनों में ये सुना है, उधर मनमुटाव है

कल रात उनको देखकर उर्दू लिबास में
कोई ये कह रहा था कि अगला चुनाव है

बारूद वो रही है गुलाबों के खेत में,
फस्ले बहार का ये अजब रख-रखाव है

पहले ही राहगीरों का अहसान कम न था,
अब सिर्फ रहवरों से हमारा लगाव है

करने लगे हैं लोग हसद हमसे इन दिनों,
मेरे उरूज़ का यही पहला पड़ाव है

मैं मुस्कराया दर्द छुपाने के वास्ते,
क्या जानें लोग कैसा मेरे दिल में घाव है

मंज़िल की चाह में थे सभी लोग हम ख़याल,
अब जाने लिए उसूल की ख़ातिर तनाव है

तूफान उठने वाला है, बहर-ए-अवाम में,
माहौल पर उचाट हवा का दबाव है

स्टेशनों पे पानी पिलाते तो हैं अछूत
हाँ, पनघटों पे थोड़ा-बहुत भेदभाव है

जिनकी पनाह में थी ज़माने की करवटें,
कहते हैं ऐसे लोगों का अब चलचलाव है

अब उम्र रह गई है ग़रीबी की दस बरस,
बेकल ग़रीब का यह ख़याली पुलाव है।

# जो मेरा है वो तेरा भी

जो मेरा है वो तेरा भी अफ़साना हुआ तो
माहौल का अंदाज़ ही बेगाना हुआ तो

तुम क़त्ल से बचने का जतन खूब करो हो,
क़ातिल का अगर ज़हन शहीफ़ाना हुआ तो

साक़ी तो मेरा जाम सदा भरता रहा है,
ख़ाली जो मेरी ज़ीस्त का पैमाना हुआ तो

उसको भी बिठा देते हो दानाओं की सफ़ में
गुस्ताख़ अगर बज़्म में दीवाना हुआ तो

काबे की ज़ियारत का सफ़र कर तो रहे हो,
रस्ते में अगर कोई सनमख़ाना हुआ तो

बेकल ने तुझे दुश्मन-ए-जानी ही कहा है
तुझसे जो अचानक कहीं याराना हुआ तो।

# रोते-रोते बहल गई

रोते रोते बहल गईं कैसे
रुत अचानक बदल गईं कैसे

मैंने घर फूँका था पड़ौसी का,
झोंपड़ी मेरी जल गईं कैसे

जिस पे नीयत लगी हो मौसम की,
सूखी टहनी वो फल गई कैसे

बात जो मुद्दतों से दिल में थी,
आज मुँह से निकल गई कैसे

ज़िन्दगी पर बड़ा भरोसा था,
ज़िन्दगी चाल चल गईं कैसे

दोस्ती है चटान वादों की
मोम बनकर पिघल गईं कैसे

चढ़ते सूरज को पूजता ही रहा,
फिर जवानी ये ढल गई कैसे

आप रसिया है गीत के बेकल
आपके घर ग़ज़ल गई कैसे।

# तीरो नश्तर की अच्छी अदाएँ

तीरो नश्तर की अच्छी अदाएँ लगीं
जब भी ज़ख्मों पे ठंडी हवाएँ लगीं

जब से तुम मेहरबाँ मुझपे होने लगे
और भी खूबसूरत बलाएँ लगीं

अपने चारों तरफ़ से था मैं बेख़बर,
मुझमें खोई हुई सब दिशाएँ लगीं

रास्ता मैं गुनाहों का तकने लगा,
नेकियाँ जब मेरे दाएँ-बाएँ लगीं

तुम मिटाते रहे, लोग बनते रहे,
बेअसर सब तुम्हारी जफ़ाएँ लगीं

खुश्क खेती हुई गाँव तर हो गए,
बेअसर सब तुम्हारी ज़फ़ाएँ लगीं

लोग जपते रहे मैं चमकता रहा,
गालियाँ जितनी थीं, सब दुआएँ लगीं

मुझको मुंसिफ ने हँसकर वरी कर दिया,
कितनी मासूम बेकल ख़ताएँ लगीं।

# ये आसमाँ भी नहीं

ये आसमाँ भी नहीं, और ये ज़मीं भी नहीं
जो तू नहीं है नज़र में तो कुछ कहीं भी नहीं

वो मेरा सबसे बड़ा ख़ैरख्वाह बनता है,
मगर उसे मेरे हालात का यकीं भी नहीं

मैं आसमान से रिश्ता जो तोड़कर निकला,
तो यूँ लगा मेरे पैरों तले ज़मीं भी नहीं

ये तख़्तांताज अमानत हमारे माज़ी की
हमारे जैसा कोई बोरिया नशीं भी नहीं

कबूतर उजड़ी हवेली से कर गए हिज़रत
जहाँ पे मैं हूँ वहाँ अब कोई मकीं भी नहीं

मैं एक सजदे की तकमील को तरसता हूँ
ये मेरा दर भी नहीं है, मेरी ज़बीं भी नहीं

तुझे भुला के मैं उसको सजा लूँ पलकों पे
वो है हसीन मगर इस कदर हसीं भी नहीं

सुनाये कौन यहाँ दास्ताँ मेरी बेकल
वो बैठकें भी नहीं हैं, वो शहनशीं भी नहीं।

# ऐसे जवानी के दिन आए

ऐसे जवानी के दिन आए खेल बिछड़ गए बचपन के
नागिन बनकर डसने लगे हैं सारे खिलौने आँगन के

आज पस-ए-पर्दा जलवों को बेचैनी महसूस हुई,
नज़रों की आहट पाते ही तार बिखर गए चिलमन में

हम अपने क़ातिल हैं फिर भी ये हमको विश्वास कहाँ,
जितने जुर्म छपाये हमने दाग़ उभर गए दामन के

आधी रात सुहाग की सजकर घूँघट में सिन्दूर जला,
राख हुए तन-मन सजनी के भेद खुले सब साजन के

भोले-भाले गाँव को अवसर, चंचल रुत बहकाती है,
जब भी कोई बादल छाया है, झूले पड़ गए सावन के

छेड़ा हवाओं के झोंकों ने गीत सुनहरे मौसम का,
फसल-ए-बहार ने ली अँगड़ाई फूल मचल गए गुलशन के

# सूरज ज़मी से उभरा

सूरज ज़मी से उभरा, पहाड़ों पे चढ़ गया
अब फ़ासला सफ़र का मेरे और बढ़ गया

मेरे ही वास्ते से जिसे शोहरतें मिलीं
रुसवाई मेरे सर पे मेरा दोस्त मढ़ गया

रक्खी थी मैंने खुफिया जवानी की डायरी,
बेटा बड़ा ज़हीन था चुपके से पढ़ गया

बेकल न तेरा रंग, न लहज़ा, न तेरे लफ़्ज़
फिर कौन ऐसा शे'र तेरे नाम गढ़ गया।

# कोई मस्जिद, गुरुद्वारे

कोई मस्जिद, गुरुद्वारे न शिवाले होंगे
सिर्फ तू होगा तेरे चाहने वाले होंगे

लफ़्ज मतरुब समझते हैं हमें लोग मगर,
कल किताबों में हमारे ही हवाले होंगे

जाके परदेस में माँ-बाप को जो भूल गए,
ऐ ग़रीबी वो तेरी गोद के पाले होंगे

ऐब चेहरों का छुपा लेना हुनर था जिनका,
सोचिये, कितने वो आईने निराले होंगे

मश्तअल होके बुझाओ न मोहब्बत का चिराग़,
वरना ये चाँद, ये सूरज, न उजाले होंगे

बेच दे अपनी जुबाँ, अपनी अना, अपना ज़मीर,
फिर तेरे हाथ में सोने के निवाले होंगे

तुमको तो मील के पत्थर पे भरोसा है अगर,
मेरी मंज़िल तो मेरे पाँव के छाले होंगे

आज हर ज़ख़्म में बेकल है गुलाबों की महक
संग वालों ने कहीं फूल उछाले होंगे।

# सारे जहाँ में उसका

सारे जहाँ में उसका अब नाम चल रहा है
बैसाखियों पे जिसका हर काम चल रहा है

मैख़ाने का हमारे जबसे बना वो साकी
मैख़्वारों का लहू से अब जाम चल रहा है

तकदीर भी हमारी परदेस जा चुकी है,
अपने ही घर में अपना नीलाम चल रहा है

अब कारोवार-ए-हस्ती उस शहरे-वेबे-सदा में
कुछ पुख़्ता चल रहा है, कुछ ख़ाम चल रहा है

कहते हैं इश्क जिसको, उस हलक़ा-ए-जुनूँ में,
इक उम्र से ये बेकल बदनाम चल रहा है।

## कोई झूठी बात कहे तो

कोई झूठी बात कहे तो सच्ची लगती है
यार जवानी में हर सूरत अच्छी लगती है

अब चन्दन की मीठी खुशबू उसकी साँसें हैं
अब उसको पुरखाँ की बोली कड़वी लगती है

पल दो पल को सावन की शहजादी उतरी थी
मेरे खेत की मिट्टी कितनी सोंधी लगती है

जिसके साज-सिंगार के क्या-क्या सपने देखे थे,
उस बेटी की बाँह गले की फाँसी लगती है

मेरे घर में आग लगी तो नदियाँ सूख गईं,
सूरज की साज़िश भी जलती रस्सी लगती है

बरसों बाद विदेस से अपने गाँव में लौटा हूँ,
अब मुखिया की लाल हवेली छोटी लगती है

हर इक हाथ है खून में भीगा, चेहरे ज़ख्मी हैं
यों भी मेरे शहर में अम्न की बाज़ी लगती है।

बीच सड़क इक लाश पड़ी थी और ये लिक्खा था,
भूख में ज़हरीली रोटी भी मीठी लगती है

राह के शोले छोड़के घर के दीपक चूरा गई
आज के ये मतवाली आँधी अँधी लगती है

रंग कँवल का, जिस्म ग़ज़ल का, रूप फ़रिश्तों का,
ये भी तेरे गीत का बेकल बानी लगती है।

# सुबह के मुँडेरों से

सुबह के मुँडेरों से जो किरन निकलती है
शाम की हवेली में चाँद बनके ढलती है

अज़्मे ज़िन्दगी की लौ जिसके सर चमकती रही,
शम्अ वो हथेली पर आँधियों की जलती है

अक्ल के नशेपन में ज़लज़ले थिरकते हैं,
जब कभी ज़मीने दिल करवटें बदलती हैं

मैंने ये भी देखा है इस नए ज़माने में,
राम की हुकूमत में रावणों की चलती है

मय तेरी मोहब्बत की पीके ज़िन्दगी अपनी
जितनी भी बहकती है, उतनी ही सँभलती है

मौत पल में हर इक का नाज़ तोड़ देती है,
उस हसीन के आगे दाल किसकी गलती है

जाने कितनी सदियों से ये चलन है दुनिया का,
अम्न से सहमती है, जंग से बहलती है

मौसमों की साज़िश से आँधियों में ऐ बेकल,
शाख इन हवालों से फूलती हैं, फलती है।

# गीत

# प्रेम की डोरी, आस की गगरी

प्रेम की डोरी, आस की गगरी कैसे भरूँ मैं लजाऊँ
अपने नयन में नीर भरूँ मैं दुख की सेज सजाऊँ
अपना गये परदेस सजन मोहे भूल गए
मैं तो मिलन की रहियाँ निरखूँ बिछुड़न की हो सयाद
निर्मोहिया असु दूर बसा है कैसे सुनै फरियाद
भेजै चिड़िया ना सन्देस–सजन मोहे भूल गए
साँझ भई घर दीपक जरि गए पंछी लेय बसेरा
मोरी अटरिया सूनी परि गई गम डारे है डेरा
आजा बदल कर भेस–सजन मोहे भूल गए
चैन की सेज पे धरती सोए दुनिया है सुनसान
मोह का सागर लहरें मारै जैसे उठा तूफान
बिखरे है आशा के केस–सजन मोहे भूल गए
हाय रे हे बेदर्द जमाने तेरी अनोखी रीत
जिसकी हार हुई 'उत्साही' हो गई उसकी जीत
याद ही रह गई सेस–सजन मोहे भूल गए।

# वे भूल गए

वे भूल गए तू भूल न हे मन वे है प्रानअधारे
रो-रो घुलना पी-पी करना
रह-रह ठंडी आहें भरना
मर-मर जीना जी-जी मरना
यही है काम हमारे, हे मन वे हैं प्रानअधारे
फँसी भँवर में जीवन नैया
दुख सागर में कौन खेवइया
आ जा-आ जा लौट जवइया
कैसे रहूँ मन मारे, हे मन वे हैं प्रानअधारे
फूलों पर भँवरा मँडराए
झींगुर अपनी धुन में गाए
बदरी जग का जी भरमाए
दूर क्षितिज के तारे, हे मन वे हैं प्रानअधारे
नयना आँसू, बन्द जबानें
राग दरद का, ग़म की तानें
ना हम जानें ना वे जानें
'बेकल' दुनिया दरसन प्यारे, हे मन वे हैं प्रानअधारे।

# दुनिया दिल की बसाओ

दुनिया दिल की बसाओ
जोगी दीप जलाओ
याद न आए कोई बीती कहानी
शबनम के घुँघरू पग बाँधे छम-छम नाचें तारे
आँखों की खिड़की से झाँके मन के मोह इशारे
देखो दूर न जाओ
जोगी बीत न जाए कहीं भोली जवानी
छिप-छिप कर मेरी आहट को सुनने लगा ज़माना
आँसू बन-बन बीत रहा है दर्द भरा अफ़साना
कोई गीत सुनाओ
देखो फिर न मिलेगी ऐसी रात सुहानी
धीरे-धीरे डोल रही है धड़कन की पुरवाई
साँसें भूल गई रुक-रुक कर दुनिया की चतुराई
ऋतु का साज उठाओ
सोई अग्नि न जागे बनकर आँखों का पानी
हौले-हौले मन का राही चले डगर अन्जानी
प्यार की उजड़ी नगरी 'बेकल' बस के हुई बिरानी
आके रास रचाओ
जोगी दीप जलाओ
याद न आए कोई बीती कहानी।

# कन्या एक सयान

पग-पग पर रुक-रुक चले कन्या एक सयान
सुन्दर, सरल, लुभावनी, कोमल कुसुम समान
माथे बिन्दिया चाँद की, अंग-अंग दिनमान
बोले तो सुख-शान्ति हो चुप हो तो तूफ़ान
'खुसरो' के घर गोद में जिस का हुआ बिहान
मलिक मोहम्मद जायसी करते रूप बखान
जिस की बाहें प्यार की गहती मेल मिलाप
छाँह में जिसकी एक हैं अकबर और प्रताप
जिसकी रस्म रिवाज पर लोभे गाँव किसान
जिसके रस की चाह में बड़े-बड़े सुल्तान
नर्मी जिसकी है क़लम, गर्मी तीर कमान
जिसका रूप निहारते तुलसी और रसखान
शैली शिल्प में रच गए, मीरा, सूर, कबीर
जिसकी डगर बुहारते इन्शा, प्रेम, नज़ीर
देख-देख छवि पूछते पच्छिम के विद्वमान
पता बता दे आपनो हे पूरब की जान
बोली हिन्दी नाम है घर है हिन्दुस्तान।

# भूल न जाना राह

मुसाफ़िर भूल न जाना राह
छूट चुका है नाव से साहिल
दूर अभी है तुझ से मन्ज़िल
साथी चोर और शाह
मुसाफ़िर भूल न जाना राह
बैरी हवाएँ ग़म के थपेड़े
माँझी को है निन्दिया घेरे
यह दुनिया है माया सागर
जिसकी न कोई थाह
मुसाफ़िर भूल न जाना राह
छोर पे चल कर डाल दे डेरा
देख चाँद का रैन बसेरा
वचन दे चुका है जो कुछ तू
बुरे भले को निबाह
मुसाफ़िर भूल न जाना राह
याद भी आती होगी बस्ती
वह 'बेकल' पनघट की मस्ती
चादर का वह दाग़ छुड़ा ले
होंगे यही गवाह
मुसाफ़िर भूल न जाना राह

# इक इक करके छोड़ गए सब

इक इक करके छोड़ गए सब साथ मेरा हमराही
'बेकल' तन्हा मन उत्साही।

संगी साथी नाते-रिश्ते सबने किया किनारा
टूट गई संबंध की कड़ियाँ छूटा हर इक सहारा
जाने सफ़र में हुई क्या लोगों जीवन से कोताही
'बेकल' तन्हा मन उत्साही।

शंकर ने मुँह फेर लिया तो उमा दे गई दूरी
अकबर ने भीगी आँखें दी मरियम ने मजबूरी
तन्हाई के सन्नाटों में यादों की आगाही
'बेकल' तन्हा मन उत्साही।

क्या लेकर ससुराल चलेगी माता पिता की पगली
रूप-रंग, मुस्कान और आँसू गहने सारे नक़ली
लाज की साज-सिंगार में रच कर छोड़ दे लापरवाही
'बेकल' तन्हा मन उत्साही।

# जीने का मातम

जीने का मातम[1] या लोगों मौत का इस्तकबाल[2]
कौन सा गीत सुनोगे?

जिस्म के अँधियारे में खेलें साँसें आँख-मिचौली
आवाज़ों के घर उतरी है सन्नाटों की डोली
सर पर है एहसास के सौ-सौ चेहरों का जंजाल
कौन-सा गीत सुनोगे?

डगर-डगर है शीश महल के सपनों की आबादी
सोने की बरसात में तोड़े पत्थर सीमीं-जादी[3]
बाहर इत्मिनान की बारिश भीतर है भूचाल
कौन-सा गीत सुनोगे?

बस्ती-बस्ती चलते-फिरते वीरानों के हाले
मोड़-मोड़ पर आईनों पर रंग रूप के ताले
छाँव में काग़ज़ की बैरागन ओढ़े धूप की शाल
कौन-सा गीत सुनोगे?

कश्ती-कश्ती, साहिल-साहिल तूफानों के डेरे
रस्ते-रस्ते, मंजिल, मंजिल पहरेदार लुटेरे

लूट के हर रहगीर से रहजन[4] पूछ रहा है हाल
कौन-सा गीत सुनोगे?

फुलवारी के अंग-अंग में नश्तर की पुरवाई
झूम रही है ज़हर में धुल कर फूलों की रानाई[5]
शबनम-शबनम, झाँक रहे हैं शोलों के सय्याल[6]
कौन-सा गीत सुनोगे?

मौसमे गुल के हाथ में किस्मत गुलशन की इतराए
बिजली की आग़ोश[7] में कवियों की रंगत मुस्काए
रविश-रविश[8] तामीर[9] के पट में गुलचीं[10] का इक़बाल[11]
कौन-सा गीत सुनोगे

हाल[12] की धूप में फसलें-ज़मीं की लहके साँझ सकारे
माज़ी[13] के सहरा में गुम हैं यादों के बंजारे
मुस्तक़बिल[14] के कोमल पुतले हैं अगिया बैताल
कौन-सा गीत सुनोगे?

---

1. शोक, 2. अभिनन्दन, 3. राजकुमारी, 4. लुटेरा, 5. सुन्दरता, 6. द्रव्य, 7. गोद, 8. प्रत्येक राह, 9. निर्माण, 10. फूल तोड़ने वाला, 11. भाग्य 12. वर्तमान, 13. भूत, 14. भविष्य

# कुछ अबके ऐसा मौसम है

कुछ अब के ऐसा मौसम है, मयनोशों का वह आलम है
जितनी पीते जाएँ तो उतनी बढ़ती जाए प्यास
रे साकी और अभी इक जाम

तूने मय की किरन-किरन में सूरज-चाँद उतारे
पैमानों के होंठ-होंठ से जीवन गीत उचारे
मयख़ाने की छाँव उतारा जन्नत का विश्वास
रे साक़ी और अभी इक जाम

मदिरा-मदिरा रंग छलकता जाम-जाम तस्वीरें
मस्ती-मस्ती गर्दिशे दौरां शीशों में तक़दीरें
दौर पे दौर चले बदले मयखाने का इतिहास
रे साक़ी और अभी इस जाम

नश्तर-नश्तर मचल रही हैं कलियों की मुस्कानें
कोमल-कोमल पंखुड़ियों में डूबी हुई चट्टानें
शबनम-शबनम सागर छलके फूल-फूल मधुमास
रे साकी और अभी इक जाम

महफिल-महफिल अमर ज्योति से अमृत रस बरसाएँ
अलसाए माहौल के तन को जलवों से नहलाएँ
दीपक-दीपक सिसक रहा है जलने का एहसास
रे साकी और अभी इक जाम

रात के कोरे नग़मे घूँघट सपनों की सरकाएँ
ऐसी सनकी हवा, दरीचे सुबह के खुल जाएँ
अंग-अंग में 'बेकल' सुलगे यादों की बूबास
रे साक़ी और अभी इक जाम।

# मीत मेरा तू

मीत मेरा तू
गीत मेरा, संगीत मेरा तू
मैं तेरा फ़नकार
क्या जाने किस समय मिले
ये हँसती हुई बहार
मीत मेरे मुझ से दूर न जा
कब तक अमृत रस बरसाएँ ये बादल कजरारे
मिल-मिल कर बिछड़ें जाने कब तक साँझ सकारे
वक़्त के आइने में कब तक मौसम करें सिंगार
मीत मेरे मुझ से दूर न जा
तनहाई की सेज पे सो गई यादों की बारात
सन्नाटों की ओढ़े चादर आवाज़ों की घात
अँधियारों में डूब गई सब सपनों की झनकार
मीत मेरे मुझसे दूर न जा
सड़कों पर हंगामे मचलें लहक उठी दूकानें
खेतों के होठों पर छलकी फ़सलों की मुस्कानें
भोर की सहबा[1] छलकी, दहके फूलों के रुखसार[2]
मीत मेरे मुझ से दूर न जा
शहर के चौराहे पर झूमी गलियों की अँगड़ाई
गाँव की बंसवारी में छम-छम नाच उठी पुरवाई

राही भूखे, राहें नंगी, प्यासी है रफ्तार
मीत मेरे मुझसे दूर न जा
फिर है गुलशन की सरहद पर बर्को[3] शरर का डेरा
फिर हर शाख़ की बाँह उठी फिर सहमा हर इक बसेरा
ताक में है माहौल की नजरें घात में है संसार
मीत मेरे मुझसे दूर न जा।

---

1. शराब 2. गाल 3. बिजलियाँ

# तूने आवाज़ दी

एक मायूस को तूने आवाज़ दी
ऐ यक़ीं देख फिर कोई धोखा न हो

तेरी आवाज़ की छाँव में है सुकूँ
बैठ जाए न थक कर शऊरे[1] जुनूँ
तेरे आँचल की पुरवाई में उड़ चलूँ
एक नादां की परवाज़[2] का ये फुसूँ[3]
जैसे चंचल तख़ैयुल[4] की संजीदगी
ऐ यकीं देख फिर कोई धोखा न हो

चाँदनी के हिन्डोले में झूले गगन
जैसे डोले में मैके को सोचे दुल्हन
गंगा जल पर थिरकती हुई हर किरन
जैसे सहरा में फ़िक्रे-ग़रीबुल-वतन
जैसे आँखों में आँसू लबों पर हँसी
ऐ यकीं देख फिर कोई धोखा न हो

सुबह की दूधिया मुस्कराहट तले
कारवाने-नज़र के हसीं हौसले
कुछ गिरे, कुछ उठे, कुछ रूके कुछ चले
सादगी की अदाओं से मस्ती ढले
रंगों खुशबू से बरसे मधुर रागिनी
ऐ यकीं देख फिर कोई धोखा न हो

कुछ सुकूँ बख़्श यादों की अँगड़ाइयाँ
धूप में जैसे बादल की परछाइयाँ
सहमे-सहमे इरादों की तनहाइयाँ
जैसे मरघट पे बजती हैं शहनाइयाँ
जैसे पावन उदासी में हो दिलकशीं[5]
ऐ यकीं देख फिर कोई धोखा न हो।

---

1. उन्माद का आभास, 2. उड़ान 3. जादू 4. कल्पन, 5. सुरम्यता

# फीके पड़ गए गीत सजनी

फीके पड़ गए गीत सजनी
जीवन है तो ग़म से जीवन
लाज की जंजीरों का बंधन
बिना ज्योति क्या करना दर्शन
मुख में मल्हार नयन में सावन
निस दिन की यह रीत सजनी
प्यार में क्या तकदीर की आशा
नयन की आशा नीर की आशा
चुप-चुप इक तस्वीर की आशा
कुछ है अगर तो पीर की आशा
याद ही मन की मीत सजनी
माँझी को पतवार का डर है
तूफाँ को मझधार का डर है
कश्ती को उस पार का डर है
यार को अपने प्यार का डर है
कितनी उलटी नीत सजनी
दूर कहीं कोई पंछी बोले
सुन-सुन 'बेकल' मनवा डोले
अमृत का रस जी में घोले
कह भी रहा है पी का होले
प्रीत की हार है जीत सजनी

# यही है शहर हमारा

इक माथे पर चाँद का झूमर इक माथे पर जुगनू
यही है शहर हमारा
गलियारों में आग लगी है सड़कों पर बरसातें
प्यासे-प्यासे दिन लगते हैं भूखी-भूखी रातें
महँगाई की जोंक पी गई बाज़ारों का लोहू
यही है शहर हमारा
पार्क निगल गए फूल तो क्यारी चूस गई फव्वारे
बेंचों पर गुम हो गए कितने अहदे वफ़ा के मारे
यादों की पुरवैया ले गई रूमालों की खुशबू
यही है शहर हमारा
दफ़्तर-दफ़्तर दहक रही है नेताओं की बानी
फ़ाइल-फ़ाइल बाबू लोगों की सुलगे मनमानी
राजभवन के लॉन में चमके हड़तालों के चाकू
यही है शहर हमारा
साक़ी को खुद होश नहीं है बेसुध है मधुशाला
पीने वाले होंठ सी लिए कोरा है हर प्याला
ऐसी घटा घिरी मस्ती की ज़हर में मिल गया दारू
यही है शहर हमारा
नयन कटोरे लाज की मदिरा से लगते हैं खाली
सूखी मुस्कानों की कलियाँ होठों की हरियाली

निखरे-निखरे रूप है झुलसे बिखरे-बिखरे गेसू
यही है शहर हमारा
गोरी बाँहें सँवलाई हैं अलसाए है कंगना
पनघट लगे सखी बिन सूना बिन साजन के अँगना
नीर बिना छूछी है गगरी पायलिया बिन घूँघरू
यही है शहर हमारा
चौराहे पर हाथ पसारे धरती की शहज़ादी
क़ातिल के इजलास पे खुद ही मुंसिफ है फ़रियादी
पहरेदार है गेट-गेट पर बँगले-बँगले डाकू
यही है शहर हमारा
इश्क के भाव हवस का सौदा हुस्न करे व्यापारी
वक़्त दुकान सजाए जिस में बिकती है बेकारी
शो-केसों में धर्म है नंगा काउन्टर पर साधू
यही है शहर हमारा

# ऐ मेरी ग़ज़लों की मीरा

ऐ मेरी ग़ज़लों की मीरा, गीतों की नाहीद
लिखूँ मैं कैसे तेरे गीत

मेरे गीत का मुखड़ा ऐसे निर्मोही का रूप
चाँदनी जिस की परछाई है अंग अंग है धूप
जिसकी कुरबत[1] का हर लम्हा दूरी की तमहीद[2]
लिखूँ मैं कैसे तेरे गीत

यादों पर अश्कों का पहरा गुमसुम है मुस्कान
खुदबीनी की भूल-भुलैया में खोया इन्सान
झूठ पर अपनी जान गवाँ कर सच का बने शहीद
लिखूँ मैं कैसे तेरे गीत

अपनों की आँखों से झलके बेगानों[3] का नूर
शीशे से टकरा कर पत्थर हो गया चकनाचूर
जीवन उसके हाथ है जिससे है नहीं दीद[4] शुनीद
लिखूँ मैं कैसे तेरे गीत

नफ़रत के चौपाल का क़ैदी धर्मों का एहसास
फ़ितनों की दहलीज़ पे थिरके दौलत का विश्वास
रंगों में होली जकड़ी है पैराहन[5] में ईद
लिखूँ मैं कैसे तेरे गीत

शाम के माथे दीप की बिन्दिया चन्दा गगन सुहाग
रात की अँगनाई में दहके सन्नाटे की आग
जीने का इसरार[6] है लेकिन मरने की ताकीद[7]
लिखूँ मैं कैसे तेरे गीत?

---

1. निकटता 2. परिणति 3. अपरिचित 4. जान-पहचान 5. वस्त्र 6. निमन्त्रण 7. निर्देश

# रात निराली

रात निराली दिन हैं सुहाने
पर मेरे मन के मीत न आए
मस्त पवन ने ली अँगड़ाई
चाँदनी घूँघट में मुस्काई
सुबह गगन के दरवाज़े पर
तारों ने छेड़ी शहनाई
सब कुछ है दुनिया में लेकिन मैं हूँ और मेरी तनहाई
हाय रही किस्मत हाय जमाने
मुझ को तेरी रीत न भाये
पर मेरे मन के मीत न आए
खेतों में कोई बिरहा गाए
मन में जवानी आग लगाए
सेज पे फूलों की इठलाकर
शबनम अमृत रस बरसाए
तारों के आँचल के नीचे हरियाली बाँहें फैलाए
पक्षी के बेमोल तराने
कली-कली से प्रीत लगाए
पर मेरे मन के मीत न आए

आह नहीं फरियाद नहीं है
ये ग़म की रूदाद[1] नहीं है
प्यार के मन की ज्योति लगाकर
दिल निर्मोही शाद[2] नहीं है
जाते हुए कुछ कह भी गए थे ये मुझे बिल्कुल याद नहीं है
रंजो-अलम[3] सब दिल के तराने

दर्द तो आह से जीत न पाए
पर मेरे मन के मीत न आए

छाए हुए कजरारे बादल
मस्ती में फैला दिए आँचल
घने-घने अम्बवा के वन में
डाली-डाली कूकी कोयल
परदेसी आ कोई नहीं है तुझ बिन मेरी दुनिया 'बेकल'
बीत न जाएँ सारे फसाने

कह दो पपीहा गीत न गाए
पर मेरे मन के मीत न आए।

1. विस्तृत किताब 2. खुश 3. दुःख, शोक

# ये सन्नाटा ये तन्हाई

ये सन्नाटा, ये तन्हाई
ये आधी रात का आलम
अब ऐसे में न जा हमदम

अभी बिजली कड़क उट्ठेगी हर शय[1] थर-थराएगी
नज़र में क्या नहीं होगा
कहीं बादल गरज उट्ठेगे दुनिया काँप जाएगी
कोई अपना नहीं होगा
ये सावन की घटा घनघोर
ये बरसात का मौसम
अब ऐसे में न जा हमदम

हवा के मस्त झोंके भी खुदा जाने कहाँ पहुँचे
ख़िरद[2] ढूँढे नज़ारों में
सितारे ढूँढते पहुँचे तो जेरे[3] आसमां पहुँचे
नज़र की रहगुजारों में
चिराग[4] कारवाँ की लौ
भड़क कर हो गई मद्धम
अब ऐसे में न जा हमदम

पपीहा भी कहीं खामोशियों की रहगुज़ारों में
सिसक कर सो गया होगा
वह जिसको ढूँढता था, ये सुना है माहपारों[5] में
भटक कर खो गई होगा
हर इक आवाज़
इक नश्तर चुभो कर हो गई मुबहम[6]
अब ऐसे में न जा हमदम

1. वस्तु 2. बुद्धि 3. आसमान के नीचे 4. दीप 5. सुन्दर लोगों में 6. गडमड

# ऐ मेरी जाने ग़ज़ल

नशा व कैफे ग़ज़ल हुस्ने ग़ज़ल जाने ग़ज़ल
आ तुझे गीत का अन्दाज़े तरन्नुम दे दूँ
तेरे सहमे हुए होठों को 'तबस्सुम की लकीर'
तेरी ऊँघी हुई आँखों को 'हया की चिलमन'
तेरे सोए हुए माथे को 'शफक़[1] की तनवीर[2]'
तेरे दहके हुए आरिज[3] को 'लहकते से कमल'
आ तुझे गीत का अन्दाज़े तरन्नुम दे दूँ
तेरी राहों को दमकते हुए 'हीरों की निखार'
तेरे चौराहे को इक 'धोई हुई सुबह की नूर'
तेरी मंज़िल को 'मचलते हुए नगमों का दयार[4]
तेरे हर मोड़ को इक 'शाम मुजल्ला[5] का सुरूर'
कारवाँ वक्त का लेकर तू मेरे साथ न चल
आ तुझे गीत का अन्दाज़े तरन्नुम दे दूँ
धूप का राज चन्द्रमा की हुकूमत का गुरूर
बादे मेहनत किसी मज़दूर की बाँहों की थकन
जुरअते ज़ब्त[6] ग़मे इश्क़ वफ़ाओं का शऊर[7]
शौकते हुस्ने फुसूंकार[8] के माथे की शिकन
अश्क़ जब साज़ उठा लें तू किसी राग में ढल
आ तुझे गीत का अन्दाज़े तरन्नुम दे दूँ

रूप खलिहान का फसलों की सुहागिन का सिंगार
गाँव की लाज वह मासूस जमालों का चलन
नुक़रइ[9] राह सजाती हुई बगुलों की क़तार
जिस को इक उम्र से तकते हुए निर्मोही नयन
जिसका हर इक इरादा भी है घूँघट में अटल
आ तुझे गीत का अन्दाज़े तरन्नुम दे दूँ
सब्ज़ चादर में वह लिपटा हुआ मेहनत का जमाल
बालियाँ खेत की थाली में लिए लाले यमन[10]
आम के बौर भरे मधु के कटोरों में गुलाल
अध-खिले फूलों को नहलाता हुआ मुश्के[11] खतन
चल उधर गाँव में एहसास जहाँ जाए मचल
आ तुझे गीत का अन्दाज़े तरन्नमुम दे दूँ
हुस्न महशर[12] का लुटाता हुआ अन्दाजे खिराम[13]
तेरे चरनों की धुलाते हुए मद-मस्त पवन
रक़्स[14] करती हुई आँचल को तेरे दूज की शाम
तेरी अँगड़ाई को बल खाता हुआ नील गगन
तेरी परछाई से तामीर करूँ ताजमहल
आ तुझे गीत का अन्दाज़े तरन्नुम दे दूँ
ऐ मेरी जाने ग़ज़ल।

---

1. क्षितिज, 2. प्रकाश, 3. गाल, 4. स्थान, 5. प्रकाशमय शाम, 6. सहन शक्ति, 7. आभाष, 8. जादूगर 9. स्वर्णिम, 10. यमन देश का कीमती पत्थर, 11. हिरन की नाभि से निकलने वाली खुशबू, 12. प्रलय कारी, 13. विचरण, 14. नृत्य

## आलम बदल जाएगा

हर चलन है गराँ[1]
हर नज़र बदगुमाँ[2]
मुस्करा दो तो आलम बदल जाएगा
जगमगाती हुई कहकशां बेमहल[3]
कह रही है मुसाफिर से आगे न चल
साँस की सेज पर आरजू[4] की दुल्हन
सो गई छेड़ कर एक ताज़ा ग़ज़ल
लेके अँगड़ाइयाँ
चुप हैं परछाइयाँ
मुस्करा दो तो आलम बदल जाएगा
मुस्कराता हुआ ये गुलों का चमन
जिस पे बलिहार सब जन्नतों की पवन
मुँह से कलियों के शोले भड़कने लगे
सीन-ए-गुल की क्या देखते हो जलन
उठ रहा है धुआँ
जल गया आशियाँ[5]
मुस्करा दो तो आलम बदल जाएगा
झूम के रथ पे पुरवा के बादल चले
होश को अपनी तौबा भी पंखा झले

बूये-मय[6] का गुलाबी दुपट्टा उड़े
शहर के मयकदे के दरीचे जले
सज गई शोख़ियाँ
लुट गई मस्तियाँ
मुस्करा दो तो आलम बदल जाएगा

बुझ गया इक सुहागिन का जलता दिया
माँग में इक ने सिन्दूर फिर भर लिया
किस की बारात आई, जनाज़ा चला
कौन कुदरत से पूछे कि यह क्या किया
इक तरफ़ शादियाँ
इक तरफ़ सिसकियाँ
मुस्करा दो तो आलम बदल जाएगा

खेत में रूप तारे समोने लगे
फसल का पाँव शबनम से धोने लगे
तान कर सब्ज़[7] बादल कोई देवता
छाँव में जैसे पौधों के सोने लगे
झूमती बालिया
वक़्त की दास्ताँ[8]
मुस्करा दो तो आलम बदल जाएगा

लेके ढेलवांस बाहें घुमाती चली
अजनबी पंछियों को उड़ाती चली
दूर चरवाहे की बाँसुरी बज उठी
गाँव का गीत वह यों ही गाती चली
सुख की फुलवारियाँ
सब फुसूँकारियाँ[9]
मुस्करा दो तो आलम बदल जाएगा

दूर तक रास्ते में हुई रोशनी
हर डगर पर नई ज़िन्दगी हँस पड़ी

जब अचानक अँधेरे का परदा हटा
जो भी आगे बढ़ा उसको ठोकर लगी
जितनी आसानियाँ
उतनी दुश्वारियाँ
मुस्करा दो तो आलम बदल जाएगा।

---

1. भारी, 2. अपरिचित, 3. अकस्मात, 4. आशा, 5. घोंसला, 6. शराब की सुगन्ध, 7. हरा, 8. कहानी, 9. जादूगरी।

# आ राह देखते हैं

आ राह देखते हैं हसरत भरे नज़ारे
बेताब हैं तुम्हीं बिन अरमानों के सहारे
आ भी जा ओ बिछुड़े निर्मोही आ जा

बाग़ों में कैसे कोयल कू-कू पुकारती है
आई बहार बन में पी-पी करे पपीहा
जी ढूँढता है तुझको, ऐसे में पास आ जा
आ भी जा

क्यों हँस रही है कलियाँ क्यों फूल खिल रहे हैं
शायद इन्हें किसी के पैग़ाम मिल रहे है
अरमान खोया-खोया है दर्द भटका-भटका
जी ढूँढता है तुझको, ऐसे में पास आ जा
आ भी जा

ये क्या बता रहे है लहरों के सब इशारे
आख़िर बिछुड़ चले क्यों मिल-मिल के दोनों धारे
शायद कहीं मिले फिर, ये डोर जिंदगी की
जी ढूँढता है तुझको, ऐसे में पास आ जा
ओ बिछड़े निर्मोही आ जा।

# आँख मिलाकर अपने मन से

आँख मिलाकर अपने मन से
खुद को छुड़ाकर हर बन्धन से
आ जा यार ग़ज़ल हो जाए
सामने सब हैं तेरे उजाले
मस्जिद, गुरुद्वारे, ये शिवाले
छोड़ के इन को जाम उठा ले
प्यास में डूबे सच्चे मन से
कुछ पीकर मयख़ानए-फ़न से
आ जा यार ग़ज़ल हो जाए
तन है बसन्ती मन है गुलाबी
रूप ग़ज़ल माथा शादाबी
शोख़ फिज़ाँ मौसम महताबी
मस्त हवाएँ रात शराबी
दर्द नया अल्साए पवन से
ले के कसक गदराई चुभन से
आ जा यार ग़ज़ल हो जाए!

# किसी बेवफ़ा से ये दिल

किसी बेवफ़ा से ये दिल क्या लगाया
जहाँ लग रहा है पराया पराया

छलकते से नयनों में सूरत किसी की
मेरे मन के मन्दिर में मूरत किसी की
किसे देवता जिन्दगी का बनाया
जहाँ लग रहा है पराया पराया

मेरे टूटे दिल को न छेड़ो सितारों
खुदा के लिए अब न उसको पुकारो
कि जो आज तक जा के वापस न आया
जहाँ लग रहा है पराया पराया

ख़यालों में बजती हैं शहनाइयाँ-सी
हैं 'बेकल' निगाहों में तन्हाइयाँ-सी
हर इक रोशनी जैसे धोखों का साया
जहाँ लग रहा है पराया पराया

# कोई याद करे

कोई याद करे कोई तड़पाए

प्रेम लहर के भवसागर में फँसी हमारी नैया
बैरन बनी हाय री किस्मत बिछुड़न की पुरवइया
आशाओं की बल्ली ले कर जीवन पार लगाए
कोई याद करे कोई तड़पाए

सूनी हो गई प्यार की नगरी सूने मन के शिवाल
नयना कहे लौट के आ जा छोड़ के जाने वाले
हँसते हुए गगन को चन्दा फीके रूप चिढ़ाए
कोई याद करे कोई तड़पाए

राह सजन की तकते तकते नयनां खो खो जाएँ
तारे सब आकाश के ऊपर जाने क्यों सो जाए
धक धक करती आह की साँसे आस कमल मुरझाय
कोई याद करे कोई तड़पाए।

# दिन भर अपने अंग अंग में

दिन भर अपने अंग अंग में रची मधुर रचना
रात में बिखर गया सपना

मैं अल्हड़ अपने दरपन में बेसुधि खोई खोई
गोरी आशाओं की सेज पर कब जागी कब सोई
आँख खुली तो देख रहा था मुझको मेरा अँगना
रात में बिखर गया सपना

बाद मिलन के पोर पोर में छलकी फिरे गुलाबी
फूलों से कोमल गालों पर तितली की बेताबी
गदराए होठों को छू गया गीतों का सुगना
रात में बिखर गया सपना।

# तू मुझसे दूर रहकर

तू मुझ से दूर रहकर दूर हो सकता नहीं हरगिज़
मैं अपने दिल से तेरी याद खो सकता नहीं हरगिज़
राही एक बार फिर आना
क़दम क़दम पर ठोकर खाए दिल, बेदर्द ज़माने
शोख तमन्नाओं का राही मन की राह न जाने
ढूँढे कहाँ ठिकाना
राही एक बार फिर आना
मस्त जवानी के तारों पर गाए मन का गीत
ग़म की सेज पर छम छम नाचे फिर जाने क्यों प्रीत
हँसता फिरे ज़माना
राही एक बार फिर आना
ठुनक ठुनक बैलों के घूँघर गाड़ी के हिचकोले
देखने वाला भूल न जाए दिल की दुनिया डोले
अपना हुआ बेगाना
राही एक बार फिर आना
काली घटाओं की जुल्फ़ों में बिजली माँग निकाले
कुम्हलाए ना आस की कलियाँ 'बेकल' तो कल पाले
जाना—भूल न जाना
राही एक बार फिर आना

# ऐ सुबह के सितारे

ऐ सुबह के सितारे, धरती पे मुस्करा कर
इक बार मेरी नगरी का रूप सजा दे
डोलें मधुर हवाएँ छेड़े कोई ग़ज़ल
मुरझा रहा हो अपनी आशाओं का कमल
जब डगमगा रहा हो स्नेह का महल
अपली तजल्लियों[1] से ऐसे में जगमगाकर
इक बार मेरी नगरी का रूप सजा दे
आँचल से तेरे छन कर आई है जब किरन
शरमाता चन्द्रमा है बलखाता है गगन
नाच उठता है महफिल में यादों की मेरी मन
ऊषा की पालकी में सूरज के साथ आकर
इक बार मेरी नगरी का रूप सजा दे
इन यास[2] की रातों में ज़माने का लुटेरा
चारों तरफ से दुख का डाले हुए है डेरा
अँधियारा मनाता है कि न आए सवेरा
ऐसे में कहकशाँ[3] की शम्माँ[4] की लौ बढ़ाकर
इकबार मेरी नगरी का रूप सजा दे

1. प्रकाश 2. दुःख भरी 3. आकाश गंगा 4. मोमबत्ती

# छेड़ न कल की बात

बेदर्दी छेड़ न कल की बात
ऐसी है सपनों की जवानी
भड़के आग न बरसे पानी
ले ले बलाएँ इन्द्र की रानी
झूम जाए बरसात बेदर्दी छेड़ न कल की बातं
कितनी भली तेरी निठुराई
सारी रात नींद नहीं आई
चैन नहीं लेती अँगड़ाई
ठगने की हर बात बेदर्दी छेड़ न कल की बात
तेरे जग की बात निराली
विष अमृत की एक पियाली
जीवन उसका जिसने चढ़ाली
तेरा उसी का साथ बेदर्दी छेड़ न कल की बात
तेरी क़सम तुझे कैसे मनाऊँ
आ तेरे चरनों में झुक जाऊँ
नयन से चुन कर फूल चढ़ाऊँ
'बेकल' जोड़े हाथ बेदर्दी छेड़ न कल की बात।

# बिखरे हैं जीवन वीणा के तार

बिखरे हैं जीवन वीणा के तार
गीत ही डूबा जाए चला आ परदेसी।
धुले हुए खेतों का मुखड़ा चाँद की किरनें चूमें
पी पी कर शबनम को पौधे गले मिलें और झूमें
भोर हुई या धोखा हो गया, चुप है ये संसार
मन मेरा घबराए, चला आ परदेसी।
माँग में ऊषा ने सिन्दूर भरे आँचल फैलाया
पर्वत की मजबूत बाँह ने माथे तिलक चढ़ाया
लाल सुनहरे थाल की छाया धरती का उपहार
मस्त पवन बल खाए, चला आ परदेसी।
सिसक रहा है विधवा की कुटिया का दीप सहारा
गाँव के बाहर पीपल हिचकी लेता है मन मारा
जगा जगा जग पालन सो गया, चली नाव उस पार
डर है डूब न जाए चला आ परदेसी।
मेढ़ों पर सारस की जोड़ी रस का बिगुल बजाए
झूम उठी सेना बगुलों की उजले पंख धुलाए
घाट में बिरहा धुन में खो गया मेहनतकश परिवार
सूना पथ मुस्काए चला आ परदेसी।
छुई मुई है दिल की धड़कन खिल खिल के मुरझाए
यौवन मस्त नयन मतवारे 'बेकल' मन अकुलाए
आशाओं का जीवन हो गया, सज गई गीत बहार
बगियन रस बरसाए चला आ परदेसी।

# गर्दिश में ले चला है

गर्दिश में ले चला है तक़दीर का सितारा
नैया को मेरे जाने कब तक मिले सहारा
तुम ही मेरे सहारे
ग़म की सताई दर्द की मारी
मीत की याद में जीवन हारी
प्यार की नगरी से इक दुःखिया भटके तेरे द्वार
तुम ही मेरे सहारे
चुप है जहाँ खामोश अँधेरी
ग़म की घटाएँ छाँव घनेरी
कैसे मंजिल तक मैं पहुँचूँ चार तरफ़ ठगहारे
तुम ही मेरे सहारे
आँसू आँख का दुःखड़ा बाँटे
पग पग पर तूफ़ान के काँटे
बैरी हवाएँ इतराती है दुश्मन हो गए धारे
तुम ही मेरे सहारे
चैन नहीं है तुम बिन इक पल
बिछुड़न में हर साँस है 'बेकल'
चाँद सितारे दूर बसे कोई कैसे रात गुज़ारे
तुम ही मेरे सहारे।

# बहार आएगी

बहार आएगी हर कली हँस पड़ेगी
मगर तुम न होगे
मचलती हुई रात रानी सजेगी
मगर तुम न होगे

जुदाई में पी पी करेगा पपीहा
किसे गम न होगा
कहीं कू कू कोयल का होगा तराना
जमाना सुनेगा
हर इक याद अँगड़ाइयों से उठेगी
मगर तुम न होगे

कहीं दूर से एक शीशम पे श्यामा
मधुर गीत गाए
कोई मस्त टीले की चोटी पे बैठा
नफ़ीरी बजाए
कसक ज़िन्दगानी से वादा करेगी
मगर तुम न होगे

ये बादल के सागर में तारों की कश्ती
कहाँ है किनारा
बड़ा दुख थपेड़ों का रुक-रुक के सहती
नहीं कुछ सहारा
भँवर में लहर थक के नागिन बनेगी
मगर तुम न होगे

बहार आई है खेत सरसों के फूले
वो बौर आ गया है
चली फसल की रानी भी हौले हौले
बवन्डर उठा है
हर इक फूल से प्यार तितली करेगी
मगर तुम न होगे

है मन प्यासा, प्यासी है दो आँखें 'बेकल'
गिनेंगी सितारे
मेरी करवटों में अजब होगा हलचल
सिसकते सहारे
जवानी मिलन का तक़ाज़ा करेगी
मगर तुम न होगे।

# सूने पथ पर दीप

सूने पथ पर दीप जलाओ
क्यों है पथिक उदास न पूछो

उज्ज्वल है मन ऊपर से पर भीतर काले दाग़ पड़े हैं
मन्जिल से पहले राहों पर डस लेने को नाग पड़े हैं
पतझड़ ही जिस की शोभा हो ऐसे भी कुछ बाग पड़े हैं
क्यों कलियाँ मुरझाई सी है क्यों है यह मधुमास न पूछो
क्यों है पथिक उदास न पूछो

नील गगन के रूप महल में तारों का उजियाला नाचें
कम्पन में अपनी छाया के साँसों का मतवाला नाचे
पीने वालों की मस्ती पर मधु छलके मधुशाला नाचे
आशाओं पर जीने वालो घट अवसर की प्यास न पूछो
क्यों है पथिक उदास न पूछो

# उदास रात है

उदास रात है
चुपचाप सब सितारे हैं
पुकारती है तुम्हें जिन्दगी
चले आओ

ये कहकशाँ[1] जिसे कहिए तजल्लियों[2] की डगर
लुटा रही है गोहर[3]
किस एहतमाम[4] से रौशन है चाँद का झूमर
गगन के माथे पर
फिज़ा हसीन
बड़े दिलरुबा नज़ारे है
बरस रही है मगर तीरगी[5]
चले आओ

ये महका महका हुआ इन्तज़ार का आँगन
थिरक रही है पवन
ये चाँदनी में नहाई हुई हर एक किरन
बढ़ा रही है जलन
अभी उमीदों से

मानूस ग़म के मारे हैं
हर आत्मा है यहाँ अजनबी
चले आओ

महकती ऋतु में दहकते हुए गुलों के बदन
सुलग रहा है चमन
ये भीगा भीगा हुआ हर कली का पैराहन[6]
छलक रहे है नयन
अभी तो ओस में
सहमे हुए शरारे[7] है
है आँसुओं में अभी गुम हँसी
चले आओ

ये रंग रूप की अँगड़ाइयाँ निगाहों में
तलब की बाँहों में
चिराग़ दिल के जलाए हैं जलवागाहों में
तुम्हारी राहों में
यकीं की बाँहें
अभी हसरतें पसारे हैं
सिमट न जाए कहीं रोशनी
चले आओ।

---

1. आकाश गंगा 2. प्रकाश 3. मोती 4. विशेष ढंग से 5. अँधकार 6. वस्त्र 7. अंगारे

# तुझको छेड़ेंगी गीतों की पुरवाइयाँ

तुझको छेड़ेंगी गीतों की पुरवाइयाँ,
जब तेरे शहर से मैं चला जाऊँगा।

गाँव की भोली पगडंडियाँ आएँगी
और सड़कों से पूछेंगी मेरा पता
ढूढेंगी सहमी सहमी हुई गोरियाँ
अपनी खोई हुई पायलों की सदा[1]

राह रुक रुक के पूछेंगी रुसवाइयाँ,
जब तेरे शहर से मैं चला जाऊँगा।

पार्क की शाम में रूप की हर किरन
शोख़ियों से उतरना बिसर जाएगी
भीगी भीगी फिज़ाओं की आग़ोश[2] में
चाँदनी भी निखरना बिसर जाएगी

रोशनी पी के बहकेगी परछाइयाँ,
जब तेरे शहर से मैं चला जाऊँगा।

ये दुल्हन जैसी ग़ज़लों की नैरंगियाँ
ख़ामुशी के खण्डहर में चली जाएँगी
साहिले[3]–जामो-मीना[4] की सरमस्तियाँ
तिश्नगी[5] के भँवर में चली जाएँगी

अंजुमन-अंजुमन होंगी तन्हाइयाँ,
जब तेरे शहर से मैं चला जाऊँगा।

छुट के हाथों से गिर जाएँगे आइने
सँवरे-सँवरे से गेसू बिखर जाएँगे
रूठ जाएँगी मुस्कानें कलियों से भी
और फूलों के चेहरे उतर जाएँगे
अजनबी अजनबी होंगी अँगड़ाइयाँ,
जब तेरे शहर से मैं चला जाऊँगा।

ये हसीं कुमकुमे ज़ेबे-जलसा[7] हैं जो
रंग इन के तबस्सुम[8] का उड़ जाएगा
साज़ो नग़मा का ये नुक़रई[9] सिलसिला
टूट कर बदहवासी से जुड़ जाएगा
घर में सन्नाटों की होंगी गहराइयाँ,
जब तेरे शहर से मैं चला जाऊँगा।

चलती फिरती गुफाएँ अजन्ता की भी
जा के बंगलों के लानों में खो जाएँगी
कितनी मुम्ताज़ माहौल से रूठ कर
ताज में बेबिसाती[10] के सो जाएगी
कसमसाहट में तरसेंगी निठुराइयाँ,
जब तेरे शहर से मैं चला जाऊँगा।

कौन कुटियों की धोई हुई भोर को
शीश महलों की दहलीज़ पर लाएगा
गीत सैलाब के, क़हत[11] की दास्तां
कौन बज़्मे—ग़ज़ल में सुना जाएगा
कौन उगाएगा गमलों में अमराइयाँ,
जब तेरे शहर से मैं चला जाऊँगा।

ये वतन के तरानों की बेबाकियाँ
कूचये महवशां[12] में सिमट जाएँगी
नग़मए-अमन की धड़कनें बेझिझक
वक़्त की साज़िशों से लिपट जाएँगी
दौरे नव का हुनर होंगी महँगाइयाँ
जब तेरे शहर से मैं चला जाऊँगा

---

1. आवाज़, 2. गोद, 3. किनारा, 5. प्यास, 6. बाल, 7. शोभायमान, 8. मुस्कान, 9. स्वर्णिम, 10. मिटने वाली, 11. सूखा, 12. सुन्दरियों की गली।

# रात सुनसान है, राह वीरान है

रात सुनसान है, राह वीरान है,
ठहरो ठहरो अकेले कहाँ जाओगे!
जुगनुओं के दमकते हुए वह दिए
जैसे सिन्दूर आँचल में विधवा लिए
रात की ख़ामुशी, ज़हर से कम नहीं
कैसे कह दूँ कि ऐसे में जोखिम नहीं
हू का सामान है, गुम निगहबान है,
ठहरो ठहरो अकेले कहाँ जाओगे!
वह दिया बीच रस्ते में जलता हुआ
रहज़नों के इरादे बदलता हुआ
सूनी सूनी अटारी सितारों की है
धीमी धीमी सदा पहरेदारों की है
पस्त ईमान है, मस्त इन्सान है,
ठहरो ठहरो अकेले कहाँ जाओगे!
देखो साहिल पे वह कश्तियाँ रूक गई
बादबाँ[3] गिर गए बल्लियाँ झुक गई
कोई माँझी नहीं घाट ख़ामोश है
हर थपेड़े में ख़तरा सियहपोश है
आज तूफ़ान है, वक़्त नादान है,
ठहरो ठहरो अकेले कहाँ जाओगे!

अजनबी की सुलगती हुई वह चिता
पास उसके सिसकती हुई मामता
आग है न धुआँ, हादसा हो गया
ज़ीस्त का आख़िरी फ़ैसला हो गया
आगे श्मशान है, क़ीमती जान है,
ठहरो ठहरो अकेले कहाँ जाओगे!

# वह जामुन के नीचे से

वह जामुन के नीचे से बहता है झरना,
वहीं चल के बीती हुई याद करना।
गरज बादलों की यह सावन की रुमझुम
ये झींगुर का बिन साज़ चुभता तरन्नुम
कहाँ पी कहाँ से पपीहे का आलम
कोई बज़्मे साक़ी में नाचे है छम छम
'जरा सी अभी पी है, खुल के बरसना',
वही चल के बीती हुई याद करना।
सितारों की आकाश गंगा पे मेले
दमकते हुए कुमकुमों के झमेले
मगन चाँदनी खूब किरनों से खेले
गगन जैसे चन्दा को गोदी में ले ले
मगर ऐसे आलम में दिल का तरसना,
वहीं चल के बीती हुई याद करना।
इधर चुपके चुपके सुबह हो रही है
उधर गुल का शबनम चरन धो रही है
लपेटे हुए मुँह कली सो रही है
पसीने में तर है मगर रो रही है
इन्हीं आँसुओं से चमन का सँवरना,
वहीं चल के बीती हुई याद करना।

बड़ी दूर है रोशनी का मिनारा
ये आँधी ये तूफ़ान ये तेज़ धारा
ये धोखा नज़र का है 'बेकल' नज़ारा
किनारे से ख़ामोशियों ने पुकारा
कोई लुट न जाए सम्भल के गुज़रना,
वहीं चल के बीता हुई याद करना।

# गीत बड़े अनमोल

गीत बड़े अनमोल रे पंछी
जब सावन अगनी बरसाए
जब विधवा खुद माँग सजाए
जब दुश्मन कुछ प्यार जताए
लाज बिके बेमोल रे पंछी
गीत बड़े अनमोल
रात की देवी पर फैलाए
चौरस्ते पर दीप जलाए
करवट लें आकाश के साए
तारे करें किलोल रे पंछी
गीत बड़े अनमोल
गुम है समय पग पग जोखिम है
गोद में आशाओं की ग़म है
बिखरा जीवन का सरगम है
साँस है डाँवाडोल रे पंछी
गीत बड़े अनमोल
चारों तरफ दुख की अँधियारी
राह नहीं पाए दुःखियारी
किन्तु जाए इक लाज की मारी

चाँद की डूबी डोल रे पंछी
गीत बड़े अनमोल
छेड़ दे ऐसे मधुर तराने
इन्सां को इन्सां पहचाने
मदमाते नाचें पैमाने
होश का रस वह घोल रे पंछी
गीत बड़े अनमोल
इतना बता तू किस को पुकारे
रट किस की है साँझ सकारे
नयन ये किस की राह निहारे
मानव के पट खोल रे पंछी
गीत बड़े अनमोल
'बेकल' नयना प्यास के मारे
हम हैं आस निरास के मारे
दोनों हैं विश्वास के मारे
अब न ज़ख्म टटोल रे पंछी
गीत बड़े अनमोल।

# पी कहाँ पपीहा बोले

पी कहाँ पपीहा बोले!
मेरे मन की दुनिया डोले।
मैकश ने कहा अब पी ले
बिछुड़ने में किसी के जी ले
हैं क़ल्बो जिगर के टाँके
टूटे हुए, उनको सीले
मस्ती में हाल भिगो ले
मेरे मन की दुनिया डोले
मनमोहन श्याम सँवरिया
कहीं टेर रहे बाँसुरिया
अब तन की लय को रोके
जल उठे न नेह नगरिया
खा जाए न मन हिचकोले,
मेरे मन की दुनिया डोले।
सावन की अँधेरी रातें
यह नयनों की बरसातें
इक और समय था अपना
ग़म भूल गया सब बातें
क्यों बदल गए सब चोले?
मेरे मन की दुनिया डोले।

# मेरी सेज पर चाँदनी मुस्कराई

मेरी सेज पर चाँदनी मुस्कराई–मगर तुम न आए।
हैं आकाश गंगा के बेचैन धारे
है डूबा हुआ दिल
सितारों की है कश्तियाँ, बेसहारे
नहीं कोई साहिल
मैं जागूँ तो सोती है सारी खुदाई–मगर तुम न आए।

वह शबनम की आँखों से बहती है धारा
हैं मजबूर आहें
खुशी में ग़मे ज़िन्दगी का नज़ारा
तड़पती हैं राहें
लुटाती है ऊषा सहर की कमाई–मगर तुम न आए।

है दिन रात के मन के संगम का मेला
हवा चल रही है
बसन्ती लबादे में दूल्हा अकेला
किरन ढल रही है
गगन की सुहागिन की बिन्दिया लजाई–मगर तुम न आए।

हवा डोली अँगड़ाइयाँ सज रही हैं
　　नदी के किनारे
हँसी कलियाँ शहनाइयाँ बज रही हैं
　　पवन के सहारे
　　चमेली चमन में दुल्हन बन के आई—मगर तुम न आए।

खड़ी दोपहर बाग़ में डालें झूला
　　वो पेंगे बढ़ाए
फ़िज़ाओं की मस्ती में जीवन है झूला
　　नयन गीत गाए
　　ये रंगीनी 'बेकल' नज़र में समाई—मगर तुम न आए।

# माँझी जीवन है उस पार

माँझी जीवन है उस पार।
ज़ोर पे है तूफ़ान के धारे,
लहरें हैं अपना मन मारे,
दुख जीता है हम हैं हारे,
साहस को ललकार, रे माँझी जीवन है उस पार।
छोर हमारा छूट गया है,
लंगर का गुर टूट गया है,
भाग्य ही जैसे फूट गया है,
हाथ में ले पतवार रे माँझी जीवन है उस पार।
देकर दाग़ गया बंजारा,
जिस पर सब कुछ हमने वारा,
जिस का ग़म हर प्यार से प्यारा,
अनदेखा है यार, रे माँझी जीवन है उस पार।
माँझी तुझको राम कसम है,
जल्दी कर अब अवसर कम है,
अन्तिम पर शब्दों के दम है,
हँसता है संसार, रे माँझी जीवन है उस पार।
काली काली रात नहीं है,
अब डरने की बात नहीं है,
'बेकल' हूँ पर साथ नहीं है,
मन युग का अवतार
रे माँझी जीवन है उस पार।

# बीत गया मधुमास

बीत गया मधुमास बीती बरसात रे
आजा निर्मोही तेरी प्यार वाली घात रे
मन को लुभाएं खेत हरे हरे धान के
कोई जैसे सोता हो धानी चादर तान के
दिन भर राह ताकूँ आता हुआ जान के
रात गुजारूँ प्यारे किसको अपना मान के
धूम मचाएँ चाँद तारों की बारात रे—आ जा निर्मोही
मुरली बजाए कोई नदी के किनारे
छम छम छम नाच रहे चाँद सितारे
जगमग रात हुई, सुबह के सहारे
चुप चुप लोग हुए सपना के मारे
सोने लगे पक्षी सब सोई जग की जात रे—आ जा निर्मोही
बगिया में पाकड़ की ठंडी ठंडी छाँव में
बरखा रितु के बाद किसी नन्हे मुन्ने गाँव में
झिर झिर झरना गाए 'बेकल' ऐसे गाँव में
हार गई सारी बाज़ी तेरे एक दाँव में
आजा निर्मोही मेरा जीवन खाया मात रे—आ जा निर्मोही।

# नदिया प्यासी खेत उपासे

(सूखा सन्दर्भ)

नदिया प्यासी, खेत उपासे
उजड़े हैं खलिहान
मैं कैसे गीत सुनाऊँ?
रोटी खा गई भूखी धरती, सूरज पी गया पानी
चाँद ने छीन लिया पैराहन, नंगी हुई जवानी
धरम करम अनजान
मैं कैसे गीत सुनाऊँ?
आँसू चाट गए सब काजल सूख गईं मुस्कानें
चौराहें पर रूप लुट गए इस्मत बनी दुकानें
सारा जग सुनसान
मैं कैसे गीत सुनाऊँ?
बनकर धूल चिता में सोए ममता के उजियाले
कोख में मिट्टी के खोए है रंग रूप के पाले
आशाएँ तूफान
मैं कैसे गीत सुनाऊँ?
हड्डी के ढाँचों को छेड़े ज़हर भरी पुरवाई
साँस बन गई भूख की ज्वाला हर धड़कन कठिनाई

नश्तर हर मुस्कान
    मैं कैसे गीत सुनाऊँ?
निगल गई छाया पेड़ों की ज़ालिम लूक की फ़ौजें
कुटियाओं के हर तिनके पर बह गई रेत की मौजे
सन्नाटा मेहमान
    मैं कैसे गीत सुनाऊँ?

# लहर-लहर श्मशान

(बाढ़ सन्दर्भ)

आँगन में सावन बरसा धुल गए साँझ सकारे
सजी हुई डोली फसलों की ले गए बाढ़ के धारे
चुप-चुप है भगवान
मैं कैसे गीत सुनाऊँ?
उमड़ पड़ा सागर धरती पर नाव लगन की डोली
मल्लाहों को नींद आ गई तट ने आँख न खोली
लहर-लहर श्मशान
मैं कैसे गीत सुनाऊँ?
लोहे के काग़ज़ से काटें ज़ेहनों की तलवारें
बालू की बुनियाद पे बाँधें चाँदी की दीवारें
वक़्त बड़ा नादान
मैं कैसे गीत सुनाऊँ?
मेरे सूखे खेत में होगी कब सुख की गुलकारी
झोपड़ियाँ कब महल बनेंगी बंजर कब फुलवारी
बँट गया हिन्दुस्तान
मैं कैसे गीत सुनाऊँ?

# ऐ चाँद तू चल चल

ऐ चाँद तू चला जा लेकर सन्देश मेरा—
क्या उनके आसरे पर हो जाएगा सवेरा?
तारों के साथ अपनी परछाइयों से खेलूँ
इक चोट खाए दिल की नादानियों से खेलूँ
किरनों में तेरी अक्सर तन्हाइयों से खेलूँ
बेताब करवटों की अँगड़ाइयों से खेलूँ
नाकाम हसरतें भी डाले हुए हैं डेरा,
क्या उनके आसरे पर हो जाएगा सवेरा?
आकाश के सितारों क्यों झिलमिला रहे हो
जैसे किसी हसीं से आँखें मिला रहे हो
सोए हुए जगत को किस्सा सुना रहे हो
फिर भी खबर है सबको क्यों मुस्करा रहे हो
शायद कभी तुम्हारे जीवन में था अँधेरा,
क्या उनके आसरे पर हो जाएगा सवेरा?
ये कह रही है तुझ से बहती हुई हवाएँ
चल बैठ दो दिलों का किस्सा तुझे सुनाएँ
घर-घर दिए बुझाकर तारे गगन सजाएँ
ऐसे में देख 'बेकल' साँसें न डूब जाएँ
पंछी सजा रहे हैं उजड़ा हुआ बसेरा
क्या उनके आसरे पर हो जाएगा सवेरा?

# नदिया उतर गई

चढ़ी जवानी लूट ले गई हरे खेत खलिहान
हुए जब वन बगिया वीरान
तो नदिया उतर गई।
नीलगगन से लगन लगाए सागर की दीवानी
आँचल से तूफ़ान बिखेरे पर्वत की बहुरानी
चले जिधर तो ऊँच नीच सब करती एक समान
तबाही बन गई इत्मीनान
तो नदिया उतर गई।
पहले अपने अमृत रस से खेत-खेत नहलाए
फिर क्यों जाने ताल-तलैया ज़हरीली कर जाए
जाने किस की चाह है उसको क्या चाहे नादान
मोम सी हो गई हर चट्टान
तो नदिया उतर गई।
गाँव के चेहरे ज़ख़्मी हो गए शहर की टूटी बाँहें
चौराहे मफ़लूज़ हो गए लँगड़ी हो गई राहें
आबादी लाशों जैसी है हर मंज़र श्मशान
लुटे सब जीने के सामान
तो नदिया उतर गई।

सूरज पानी बादल पानी पानी ही के साए
जीवन इक माटी की नैया डूबे या गल जाए
पानी ही अर्थी हो जैसे पानी, कब्रिस्तान
हुए जब दीन धर्म बेजान,
तो नदिया उतर गई।

दरवाज़ों को हिला गई फिर पुरवैया जंजीरें
गलियारों में फेंक गई फिर काली घटा तस्वीरें
चौपालों पर डूब गए सब गीता और कुरआन
लगा अब जीवन इस तावान
तो नदिया उतर गई।

# आँखें दिल की बात न मानें

आँखें दिल की बात न माने
होठों से बिछुड़ी मुस्कानें
ऊषाएँ चेहरों से रूठीं
पत्थर हुए गुलाब,
लोग संन्यासी हो गए।
लहू दोपहर का चेहरे पर मल कर शाम सुहानी है
क़ातिल कौन चिरागों का है सुबह सुना अनजानी है
कौन उजालों को पहचाने
अँधियारों को कोई न जाने
चेहरे बुनें नक़ाब
लोग संन्यासी हो गए।
बेचैनी की शहर पनाहें मायूसी के पहरे हैं
गूँगी सड़कें अँधी गलियाँ चौराहे बहरे हैं
आँगन चुप, गुमसुम दरवाज़े
बेसुध हैं सारे अन्दाज़े,
पूछे कौन हिसाब
लोग संन्यासी हो गए।

# होली आई तरंगों के संग

**-एक-**

होली आई तरंगों के संग-उमरिया रंगीली हुई।
यौवन की बगिया में आग लगाकर मुस्काए टेसू के फूल
सोचों के अगँना में उड़ने लगी है निर्मोही यादों की धूल
रात सपनों के दहकें उमंग-निंदरिया हठीली हुई।
खेतों के माथे पर सोने के शब्दों से लिखा है गेहूँ का नाम
बाग़ों में मदिराए कोयल पपीहा की तानों पे बौराए आम
सारा माहौल मतवारे ढंग-बयरिया नशीली हुई।
चितवन के प्यालों में मधुरंग छलके बिखरे गुलाल और अबीर
मस्ती के बाँहों में गदराए रंगों ने रंग डाले शाहो फक़ीर
रस में डूबा अजन्ता का अंग-चुनरिया भी गीली हुई।
गहने जड़ाऊ नया वर्ष लाया फ़सलों का लहका सिंगार
खलिहान मचले रूपहले लिबासो में कुटियो पे आया निखार
नाचे महलों की छत पे पतंग उजेरिया हथेली हुई।
निखरे गुलाबों के शहरों की खुशबू खेल आई सरसों के गाँव
इक पल में मिल बैठे सदियों के बिछड़े गुलमोहर बरगद की छाँव
कोई निर्बल न कोई दबंग-सवतिया सहेली हुई

## -दो-

रूप गुलाबी बाल सुनहरे बाँह भरे पिचकारी
रंग अबीर गुलाल न जाने ब्याही कौन कुँवारी
जाने किस की राह तके है खड़ी गाँव की गोरी
पनघट पर अनवास रही है लिए गगरिया कोरी
प्यासा जोगी कब आ जाए यही प्रीत की डोरी
खेले लागी मगन मन में छोरी-जिनिगिया की होरी

धर्म के मुखियो! ई त्यौहार है देश समाज का मेला
स्वागत करो खुशी प पाहुन नया वर्ष अलबेला
बिख से बोरो न मधु की कटोरी-जिनिगिया की होरी

प्रीत न जाने जात पात न दीन धरम पहचाने
जिससे लगी लगन हो उसको सब कुछ अपना माने
जैसे चन्दा का बिसरे चकोरी-जिनिगिया की होरी

पूछैं युग युग के साधु मंलग-प्रितिया पहेली हुई
जीत कर आज नफ़रत की जंग-अटरिया हवेली हुई
आज मस्ती में मदिरा न भंग-डगरिया नवेली हुई।

# कलियों ने अँगड़ाई ली है

कलियों ने अँगड़ाई ली है
भँवरों ने जी भर के पी है
निखर उठे कुम्हलाए चेहरे
चमन का बदल गया मौसम

फूल से तन पत्थर से मन की
तितली उड़ती फिरती थी
लेकिन डूब गई क्यारी में
शोभा थी जो कल गुलशन की
जादू ऐसा हुआ कि खोई गुंचे की यारी में

शबनम के मुस्काए आँसू
पुरवाई खुद बन गई खुशबू
तोहमत अब किस सर ठहरे
चमन का बदल गया मौसम

# अब के बरस धरती थी सुहागिन

अब के बरस धरती थी सुहागिन, ऋतु ने किया पथराव
घायल हो गई सोन चिरइया।

चैत के द्वारे सावन बैठा बिन मदिरा लहराय
पुरवाई वैसाख की छत पर नंगी खड़ी नहाय
जाने किस ने आग लगाई, बन गए रूप अलाव
घायल हो गई सोन चिरइया।

माटी के सौदागर अबके चाँदी तौल गए
कुछ ऐसा संयोग हुआ सब सच ही बोल गए
विश्वासों की भीड़ में बिक गए सब के भाव सुभाव
घायल हो गई सोन चिरइया।

ईद आई तो चाहत हारी नफरत जीत गई
निर्धन का इक अंग न भीगा होली बीत गई
अंग अंग माहौल का ज़ख़्मी कौन भरे अब घाव
घायल हो गई सोन चिरइया।

हर चेहरे पर सौ सौ चेहरों की डूबी महताबी
चीख़ पुकार की शोर में गूँगे बहरों की बेताबी

बस्ती बस्ती छेड़ रहे हैं सन्नाटे अलगाव
घायल हो गई सोन चिरइया।

पगडंडी की बाँहें प्यासी गाँव को चूस गईं
भूखी सड़कें अमरीका से होकर रूस गईं
वक़्त का अजगर पल पल निगले फिर भी नहीं अघाव
घायल हो गई सोन चिरइया।

# अवध में है कोहराम

सरयू जी की मनमानी से अवध में है कोहराम,
न जाने कब लौटेगे राम!
ओर छोर सब तज कर सरयू घूमे बीच बजरिया,
लहरों की भूखी सेनाएँ चढ़ गई महल अटरिया
हर पूजा पाताल गई, सब उड़ गए पूजन धाम
न जाने कब लौटेंगे राम?
राज सिंहासन सूना हो गया भरत हुए संन्यासी,
आँगन की उर्मिला है भूखी देहरी लाज की प्यासी,
शत्रुघ्न ने समय के हाथों पी लिया चुप का जाम
न जाने कब लौटेंगे राम?
बादल निगल गए तारों को दीपक को अँधियारे
हर तिनके पर नागिन बैठी टीलों पर ठगहारे,
सुबह की किरनें मुजरिम हो गई क़ातिल हो गई शाम,
न जाने कब लौटेंगे राम?
अरमानों की नींव में डूबे सारे सपन सजीले
होठों पर फरियादें डूबी गीत हुए ज़हरीले
कस्तूरी की गन्ध बिक गई इश्क़ हुआ नीलाम
न जाने कब लौटेंगे राम?

बिना कफन जब चिता में जल गया गाँवों का अनुशासन
बन ही गई मझधार की अर्थी शहरों का सिंहासन,
धर्म दया अपराध हुए सब ममता है इल्जाम,
न जाने कब लौटेंगे राम?

मन्दिर का हर कलश है गिरवी साहूकर पुजारी,
बेच आया सोने की मूरत पीतल का व्यापारी
हर तन पर अधिकार है धन का मन प्यासा बदनाम
न जाने कब लौटेंगे राम?

## नदिया एक अकेली

जाने किस को ढूँढ रही है जंगल बीच नवेली
नदिया एक अकेली।

पर्वत की ये राजदुलारी
घट पनघट संयोग की मारी
भरे गागरिया रस छलकाए खुद प्यासी अलबेली
नदिया एक अकेली।
मुर्दों को सर पर बिठलाए
जिन्दों को ठोकर में लाए
संघर्षों को ये नहीं माने कुदरत संग पहेली
नदिया एक अकेली।
काँधे पाप का बोझ उठा ले
बाँह गहे ज़हरीले नाले
जिस को कुछ परवाह न हो, तो उसकी यही सहेली
नदिया एक अकेली।
अमृत पी कर ज़हर उगलती
फिर नागिन का भेस बदलती
गाँवों शहरों को डस लेती विषधर की ये चेली
नदिया एक अकेली।

सन्नाटे की ओढ़ चदरिया
हलचल मन दबकाए गुजरिया
डगर डगर अपने आँचल से करती ये अठखेली
नदिया एक अकेली।
पत्थर तोड़ के देव बनाती
चट्टानों पर मोम चढ़ाती
इक मुट्ठी में धूल बनाए कुटिया और हवेली
नदिया एक अकेली।

## बाढ़ गीत

नदियाँ खा गई गाँव
बादल पी गए छप्पर, छाँव
गीत सब डूब गए।
अँधियारे उजियारे डूबे, डूबे दोनों पाख
सावन भादों के रस्ते में डूब गया बैसाख
जेठ की डूबी साख
धरती माँगे गगन से राख
गीत सब डूब गए।

अमराई से अँगनाई तक सागर अगम अपार
साँसों के हर मोड़ खड़ी है लहरों की दीवार
डूब गया संसार
डूबे कजरी मेघ मल्हार
गीत सब डूब गए।

पग पग पर मँझधार की अर्थी डूब डूब उतराए
सुलगे चिता शिवालय मस्जिद जल ज्वाला बल खाए
दीन धरम बह जाए
भगवान, अपना कलश बचाए
गीत सब डूब गए।

माँ से लाल, बहन से भाई छिन गए फूल से रंग
शब्दों में आवाजें रुँध गई आशाओं के संग
मौत भी हो गई तंग
जीवन भूल गया सब ढंग
गीत सब डूब गए।

घर घर में है ताल तलैया खेत खेत में झील
धरती की इस लाश को ताके नील गगन की चील
वक्त के फिसले पाँव
न सूझे कोई दाहिन बाँव
गीत सब डूब गए।

## सुना है साधु हो गए हैं लोग

सूख पड़े या बहिया आए
गाँव जले जंगल कट जाए
कौन करे परवाह
सुना है साधु हो गए लोग।

बादल को समझाए कौन, सूरज के घर जाए कौन
सभी चाँद के आशिक निकले, धरती माँग रचाए कौन
खेत हुए बंजर के बन्धुआ
फसलें हुई गुनाह
सुना है साधु हो गए लोग

पूरब खून की ताल तलैया, पश्चिम शोले है दरबान
दक्खिन है अलगाव की आँधी उत्तर लूट ठगी मेहमान
चारों ओर तनाव का पहरा
पग पग घुटन अथाह
सुना है साधु हो गए लोग

पेड़ से लिपटी भूख और प्यास, हर टहनी हरियाली खाए
जड़ को चूस रहा है सावन, रंग रूप बैसाख चबाए

गुलशन है गिरवी खदशों की
ऋरतु का राज तबाह
सुना है साधु हो गए लोग
चेहरे पर मुस्कान का मेक-अप, मन बैठा विश्वास का चोर
अंग अंग खुदग़र्जी लिपटी पोर पोर सन्देह कठोर
मानवता इस भीड़ में 'बेकल'
किस से करे निबाह
सुना है साधु हो गए लोग।

# सूखा गीत

खेत का मुखड़ा बदरा ताकै
रूप दुल्हन का अंचरा ताकै
साँझ की छहिंया तकै सवेरा
गाँव तके वीरानी
राम जाने कब बरसेगा पानी!
सावन भादौ साधु हो गए, बादल सब संन्यासी
पछुआ चूस गई पुरवा को, धरती रह गई प्यासी
फसलों ने वैराग ले लिया
जोगिया हो गई धानी
राम जाने कब बरसेगा पानी!
ताल तलैया माटी चाटै, नदियाँ रेत चबाएँ
कुएँ में मकड़ी जाला ताने, नहरें चील्ह उड़ाए
उबहन से गगरी रूठी है
पनघट से बहुरानी
राम जाने कब बरसेगा पानी!
छप्पर पर दुपहरिया बैठी धूप टँगी अँगनाई
द्वार का बरगद ठूँठ हो गया, उजड़ गई अमराई
चौपालों से खलिहानों तक
सूरज की मनमानी

राम जाने कब बरसेगा पानी!

प्यास के अँधियारे में भटके तन मन का उजियारा
होठों की सब मदिरा पी गया शब्दों का बंजारा
ममता अपने लाल को तजकर
चलै डगर मनमानी
राम जाने कब बरसेगा पानी!

पिघल गया चेहरों का सोना उतर गई महताबी
गोरी बाँहें हुई साँवरी बुझ गए नयन गुलाबी
सपने झुलस गए राधा के
श्याम हुए सैलानी
राम जाने कब बरसेगा पानी!

गंगा यमुना भीख माँगती हिम गिरवर के द्वारे
दानी ही खुद दान की ख़ातिर अपनी बाँह पसारे
दूध से सब पाषाण नहाएँ
चुप हैं धर्म के ज्ञानी
राम जाने कब बरसेगा पानी!

धान चर गया नीलगगन, गेहूँ डीज़ल व्यापारी
भूखी विजुली लूट ले गई कर्जे सब सरकारी
गूँगे बहरे बैल और बधिया
जपें सन्त की वानी
राम जाने कब बरसेगा पानी!

बाज़ारों में मँहगाई की बिखर गई तस्वीरें
हमदर्दों के पाँव पड़ गई वायदों की जंजीरें
संसद की कुर्सी में धँस गई
खेती और किसानी
राम जाने कब बरसेगा पानी?

# मानव थिरकन

मैंने सितारे टाँक लिए हैं पाँव में
साथ मेरे अब दुनिया थिरके जुगनू बनकर गाँव में

माथे सूरज, चाँद को अधरों पर चिपकाया
झरनों को पलकों की नोक पर लटकाया
गूँथ लिए नदियों को घनी जटाओं में
साथ मेरे अब दुनिया थिरके जुगनू बनकर गाँव में

जकड़ लिया बाँहों के बीच चट्टानों को
पीठ पे छोपा वन, बगिया, वीरानों को
पर्वत कर लिए कसबल भरी भुजाओं में
साथ मेरे अब दुनिया थिरकै जुगनू बनकर गाँव में

जंगल लाद लिया काँधों पर योग से
घुटनों तक सागर बिछलाया रोग से
गगन उतारा घोला ज़हर दवाओं में
साथ मेरे अब दुनिया थिरकै जुगनू बनकर गाँव में

जीवन रन की दूरी नाप के आया हूँ
वक्त का चेहरा देखा काँप के आया हूँ
धरती सुलगे चाँदी भरी चिताओं में
साथ मेरे अब दुनिया थिरकै जुगनू बन कर गाँव में

चूल्हें चूसै होटल, घर चौपालों पर
दम की मस्ती नवजवान कंगालों पर
बहकी बहकी सोच उगी कन्याओं में
साथ मेरे अब दुनिया थिरकै जुगनू बन कर गाँव में

'रहिमन' 'तुलसी' तो नदिया के छोर हुए
'सूर' और 'रहमान' भी कच्ची डोर हुए
अक्षर अक्षर ऊब रहे रचनाओं में
साथ मेरे अब दुनिया थिरकै जुगनू बन कर गाँव में

गीत ग़ज़ल भी सात समन्दर पार हुए
राजनीति के भाव धरम बीमार हुए
शतरंजी हैं चालें महल सराओं में
साथ मेरे अब दुनिया थिरकै जुगनू बन कर गाँव में।

# जवानी जोगिन हो गई यार

नयन तेरे उपदेश हो गए, दर्शन हो गया प्यार
जवानी जोगिन हो गई यार

अल्हड़पन आदर्श हो गया चंचलता वैरागी
चतुराई का लोप हो गया चितवन हो गए त्यागी
मुस्कानें संन्यासी हो गईं पूजा रूप सिंगार
जवानी जोगिन हो गई यार

पलकें छाँव दया की फैली नज़रें ज्ञान की बानी
शब्दों में अन्दाज़े फक़ीरी लहजे में सुल्तानी
चेहरे पर गीता लिखी है माथे बोध विचार
जवानी जोगिन हो गई यार

बिन्दिया हो गई सुबह का सूरज, आरिज़ कमल सवेरा
जूड़े टँका दूज को चन्दा होठों भजन बसेरा
काँधे पर गंगा-यमुना है बाँहों में हरिद्वार
जवानी जोगिन हो गई यार

नरम कलाई के गजरे सब तुलसी की मालाएँ
अँगड़ाई के अंग रच गईं ऋषियों की रचनाएँ
कंगन खनके पायल छनके थिरकन बजे सितार
जवानी जोगिन हो गई यार

हर इक पल वनवास की सदियाँ हैं बिछुड़न की रातें
इन्तज़ार संयोग हो गया मन्त्र मिलन की बातें
ग़म सब आशीर्वाद हो गए चाहत गुरु-व्यवहार
जवानी जोगिन हो गई यार

रंग कुसुम का फागुन चाहे, माघ तपन की रातें
चाहे जेठ साँस की ठण्डक, बेचैनी बरसातें
यादें माँगे फूली सरसों, दर्द खिली, कचनार
जवानी जोगिन हो गई यार

युग से बेपरवाह जगत का गीत, ग़ज़ल की 'मीरा'
तेरे बोल रूह के नग़मे गाए पवन समीरा
तेरे घुँघरू की संगत में नाच उठे संसार
जवानी जोगिन हो गई यार

तुझ बिन सूने पार्क मिलन के मधुवन बिना कन्हाई
धड़कन बिकी हुई एक कन्या बिन-ब्याही तन्हाई
दुनिया लगे दुकान ठगों को जीवन लगे उधार
जवानी जोगिन हो गई यार।

# गीत हमारे सबके लिए हैं

गीत हमारे सबके लिए है, क्या अपने क्या ग़ैर कबीरा सबकी माँगे ख़ैर
एक हाथ में लिए लुकाठा, एक हाथ में पानी
स्वर्ग जला दे नर्क बुझा दे इसमें क्या हैरानी
डर, लालच है ऐसे पुतले जिनके हाथ न पैर–कबीरा सबकी माँगे ख़ैर
धूप चाँदनी तेरे खिलौने रात और दिन दस्ताने
सूरज तेरी करे चाकरी दूज खड़ा पैताने
रम जाए तो भीतर चाहे कर बाहर की सैर–कबीरा सबकी माँगे ख़ैर
मन्दिर, मस्जिद, गिरजा तेरे, तेरे हैं गुरुद्वारे
फिर तेरे घर में यह कैसे क़दम-क़दम बँटवारे
एक ही तेरा रास्ता जिसमें मिलें हरम या दैर–कबीरा सबकी माँगे ख़ैर
मौजों पर बैठी है खुदाई साहिल पर तन्हाई
नाप रही तेरे सागर की सदियों से गहराई
डूबने वाला मन कहता है और तभी कुछ तैर-कबीरा सबकी माँगे खैर।

# दोहे और कुंडलियाँ

# दोहे

पहले अपनी आन की हर तदबीर दबोच।
मालिक से तकदीर के फिर मिलने की सोच।

रब्बा यह तू ही बता, यह कैसा इंसाफ?
निर्धनता नंगी फिरे, धन पर चढ़ा लिहाफ।

नानक कहे गरीब को, झुक-झुक करो सलाम।
जोर-जुलम का खात्मा, है कुदरत का काम॥

दर से वारिस पाक के मिला हैं 'बेकल' नाम।
'उत्साही' उपनाम है नेहरू का इनआम॥

मैं खुसरो का वंश हूँ, हूँ अवधी का सन्त।
हिंदी मेरी बहार है, उर्दू मेरी बसन्त॥

मुझसे युद्ध न कीजिए, कलम मेरी तलवार।
समय पड़े तो फूल भी बन जाता अंगार॥

राधा मेरा ज्ञान है, कृष्ण मेरा विश्वास।
सोच मेरी रसखान है, मीरा है अहसास॥

मै हूँ सुदामा प्यार का, प्यार द्वारिकानाथ।
प्सासे दोनों नयन हैं, भूखे दोनों हाथ॥

मैं तुलसी का वंश हूँ, अवधपुरी है धाम।
साँस साँस सीता बसी, रोम रोम में राम॥

अल्ला और रसूल पर है मेरा ईमान।
अपने मन की मैं करूँ, मैं कैसा इन्सान?

धर्म मेरा इस्लाम है, भारत जन्मस्थान।
वजू करूँ अजमेर में, काशी में स्नान॥

भाव सुभाव के पाठ में, मैं अक्षर-अनमोल।
नबी मेरा इतिहास है, कृष्ण मेरा भूगोल॥

होली डूबी रंग में, ईद हुई पोशाक।
मानवता विजयी हुई, नफ़रत हो गई खाक॥

बेकल के दोहे सभी अच्छे लगे हजूर।
यों समझा इक घूँट से बढ़ने लगा सुरूर॥

झेंपे झेंपे नयन की शोख-शोख मुस्कान।
चुगताई की सोच में, ग़ालिब का दीवान॥

केश हैं जैसे नागिनें, माया जैसा रूप।
यह बादल हैं जेठ के, ये सावन की धूप॥

मुस्कानों की धूप में, अश्कों की बरसात।
सन्नाटों की छाँव में, यादों की बारात॥

बेकल तू भी किसलिए खड़ा कचहरी बीच।
नाम तेरा छप जाएगा, किसी की पगड़ी खींच॥

मन आँगन धनवान ह, नयनन द्वार गरीब।
इसके बीच जो रह सके, उसके बड़ी नसीब॥

अच्छे लगते जिस्म पर खुद के बुने लिबास।
रूह को ढँकने के लिए फूली नहीं कपास॥

चेहरे तपते गाँव हैं, केश झुलसते खेत।
राजनीति मौसम चतुर, जीवन गीली रेत॥

विरहिन जागे रात भर, अंजुरी-भरे अंजोर।
आग लगी इक अंग में, धुँआ उठे चहुँ ओर॥

जिसने मधु की प्यालियाँ, छज्जे पर घर दीन।
वह माखी इंसान से कितनी बडी ज़हीन॥

तेज चले तो माथ पर चढ़े पाँव की धूल।
मंज़िल पाने के लिए, मध्यम चाल न भूल॥

आँधी औ' भूचाल से उथल-पुथल संसार।
मंदिर-मस्जिद ढह गए, रह गया मानव प्यार॥

सोने के भंडार हैं, 'बसतर' वे चहुँ ओर।
आदिवासी भूखे मरै, जियैं सियासी चोर॥

हम चंबल में ठीक हैं, क्या संसद में जाएँ।
यहाँ पे हम आज़ाद हैं, वहाँ पाँव बँध लायँ॥

मंदिर में है राम बंद मस्जिद में अल्लाह।
फैली है बाहर मगर शैतानों की बाँह॥

एक ही जैसा दर्द है, बेटी हो या पूत।
जनम-मरन इक ढंग के, पक्का यही सबूत॥

भोले भोले रूप में मिलते हैं चित-चोर।
इनसे दया न माँगिए, ये हैं बड़े कठोर॥

उमर बढ़ी तो घट गए सपनों के दिन-रात।
अविकल बगिया फल गई, सूख गए जज़्बात॥

सूरज शाम की नाव से उतर गया उस पार।
अम्बर ओढ़ के सो गया, धरती पर संसार॥

नेता को जब नीति में दिखे ढेर-सी आय।
जनता के विश्वास की राम ही लाज बचाय॥

नेता, नीयत, नीति पर निर्भर है जनतंत्र।
यह तीनों फलदार हों, निष्फल हर षड्यन्त्र॥

आपस के मतभेद से नेता हुए कुराह।
कुटिया से बिल्डिंग हुईं, नीयत हुई तबाह॥

# गंगा के प्रति दोहे

गंगा तेरे छोर पर हरे-भरे वन बाग।
तेरे सुथरे अंग पर लगे न कोई दाग़॥

तेरे होते देश के मुँह पर रहे खरोंच।
राजनीति पापिन हुईं, गंगे तू भी सोच॥

तेरे जल से है लगी, दुनिया भर की आस।
भेदभाव कुछ भी नहीं, सबकी बुझती प्यास॥

मुस्लिम को भी चाहती, हिंदू से भी प्यार।
गंगा के जल-दूध की ममता अपरंपार॥

तेरे जल में डूबकर पाप हो गया साफ़।
देह तो सुथरी ही हुईं, मन हो उठा गिलाफ़॥

# कुंडलियाँ

## एक

दरपन में सम्मान के, दुनिया लगी अजीब
झूठ विराजे, तख़्त पर, सच को मिले सलीब
सच को मिले सलीब, ईश बेचैना होइगा।
लूट को मिल गई छूट, समय बिन नयना होइगा॥

## दो

शरमीले जो लोग थे, हो गए सब बेबाक।
बगिया झुलसी नेह की लहक उठे हैं पार्क।
लहक रहे हैं पार्क, फूल बारूद भरे हैं
बैंचों पर इन्सान की सूरत बम्ब धरे हैं॥

## तीन

क्या क्या दिन दिखलाय हैं आज का नव विज्ञान
फोन किया इंग्लैण्ड को, मिल गया पाकिस्तान
मिल गया पाकिस्तान, बात फरमाइश निकली
जिसको समझे प्यार, यार की साज़िश निकली।

## चार

वैज्ञानिक की सोच में क्या शीरी-फरहाद
मानवता की खोज में बन्दर की औलाद
बन्दर की औलाद, बस्तियाँ जंगल कर गए
हुस्न-इश्क को लोग, बाज़िया दंगल कर गए।

## पाँच

मुझ शीशे को तोड़कर हो गए लोग निहाल
किरचें पूछैं दर्द से, पत्थर जी का हाल
पत्थर जी का हाल तलक मुस्तकबिल निकला
राजनीति में धर्म का मुंसिफ क़ातिल निकला

## छः

गुलदस्ते के फूल में बारूदी हर फूल
हर टहनी शमशीर है, हर टहनी तिरशूल
हर पत्ती तिरशूल पवन का कत्ल हो गया
इक कोंपल का कत्ल, चमन का कत्ल हो गया।

## सात

मेरे दोनों पुत्र हैं गोबर और गणेश
दोनों के मतभेद से धधक रहा है देश
धधक रहा है देश विरोधी खीस निपोरैं
अपने खाएँ माँस, पड़ौसी हाड़ बटोरैं।

## आठ

हैं दंगे में शहर के जाने किस का हाथ?
महल सुरक्षित हो गए, उजड़ गए फुटपाथ
उजड़ गए फुटपाथ, सड़क की शाम हो गई
दीवारों के क़त्ल में छत बदनाम हो गईं।

## नौ

फसलें चुप हैं खेत में, मिल में ठप्प मशीन,
मेहनत के हर अंग पर चादर पड़ी महीन
चादर पड़ी महीन ज़माना झाँक रहा है
भूखा हिन्दुस्तान ट्रैक्टर हाँक रहा है

## दस

जाकर मैं स्कूल में दिनभर खेला खेल
इम्तिहान में नकल की, फिर भी हो गया फेल
फिर भी हो गया फेल, गाँव-घर ताना मारै
जो थे मेरे दास वही अब घास न डारैं।